地方大学の挑戦

経済・経営系での教育実践

木村　務
古河幹夫　編

岩重聡美
谷澤　毅
新川　本
綱　辰幸
青木圭介
矢野生子
長濱幸一

石風社

はじめに

日本の大学は大きな転換期に直面しており、入試から就職に至る大学教育すべてにおいて時代に対応したあり方が模索されている。その中にあって本書は、地方の大学で経済・経営系の教育研究に携わる教員たちが、時代と地域が求める大学教育に真摯に対応しつつ、現場での教育実践を踏まえ、大学固有の教育のあり方について考察した成果である。

この四半世紀の間に大学教育はその制度・内容ともに大きく変容した。わが国の大学教育課程は、「大学設置基準」（１９５６年制定）により欧米の教育課程をモデルとして制度化されたが、社会変化に対応して大きく変化してきた。１９９１年には「大学設置基準の大綱化」によって教養教育と専門教育を規定したカリキュラム規制が自由化され、多くの大学において一般教育課程や教養部組織の改廃が行われた。この大綱化のもとで各大学は自らの理念にもとづく自由な大学づくりが可能となった反面、自己責任が問われるようになった。１９９９年の大学設置基準改正により各大学は「自己点検

・評価」を実施し、その評価結果の公表が法的に義務づけられ、２００４年には「教育の質保証」を求めて、文部科学大臣の認証を受けた評価機関から評価を受ける制度が導入された。

さらに２００４年の国立大学法人化を転機として、制度的な改革が公立私立を問わず劇的に進んだ。6年間の中期目標・中期計画を定めて教育・研究・社会貢献・大学運営について数値目標を掲げて目標達成を図り、その進捗を大学外部委員によって評価するシステムが導入された。評価には企業の「顧客満足」（ＣＳ）手法を応用し、教育では学生評価による授業法改善や就職率、研究では学術論文数や取得特許数、社会貢献では公開講座の受講者数など、数十項目の数値目標を定めてその達成度を評価し、未達であれば教育研究予算が削減されるしくみが導入された。

一方、経済グローバル化の進展と２００８年のリーマンショック後におけるＯＪＴ（仕事を通した訓練）の廃止等の企業の雇用環境の変化の下で、産業界からは「グローバル人材」や「社会人基礎力」の養成、すなわち卒業時における即実践的学力やコミュニケーション能力あるいは行動力の養成が求められるようになった。こうした要請に対応して、２０１２年8月に出された中央教育審議会答申「新たな未来を築くための大学教育の質的転換に向けて～生涯学び続け、主体的に考える力を育成する大学へ～」が出され、アクティブ・ラーニング（能動的学習）が大学教育に広く導入されるに至った。

さらに、２０１６年度から始まった国立大学の第3期中期目標・計画には二つの改革が加わった。第一は大学の三類型化に応じた役割（ミッション）発揮である。それは①旧帝大など16大学からなる

「世界最高の教育研究拠点」、②芸大など15大学からなる「分野毎に優れた教育研究拠点」、そして③各都道府県の55大学からなる「地域活性化の中核的拠点」である。そして第二は、急速な18歳人口減に対応し教員養成系学部や人文社会科学系学部などは組織の廃止や「社会的要請」の高い分野への転換に努めるというものである。とくに地方の大学の文系学部には、地域貢献などの具体的な教育効果が求められるようになった。

本書の編著者が属する長崎県立大学は、公立大学のなかでは最も早く改革に取り組んできた。2005年には全国の公立大学に先駆けて法人化し、教育研究の成果を予算や教員の任期に厳格に反映するしくみを導入した。また長崎の地域特性「しま」をフィールドとした「地（知）の拠点事業」（COC）やグローバル人材養成のための実践的語学プログラム等、実践的教育に積極的に取り組んできた。2016年度には、地方の公立大学として「地域活性化の中核的拠点」のミッションを果たすべく、「経済学部」を「地域創造学部」「経営学部」へと編成替えし、地域のフィールドを活かし地域貢献する実践的教育およびコミュニケーションスキルの習得や海外研修を必修としたグローバルな実践的教育課程を構築した。

以上のように大学教育改革は、制度的には大学法人化後加速度的に進んできた。しかし教育内容や指導方法の改革が並行して進んだわけではない。それは、大学の場合は専門分野の特性に応じた教育内容・方法が各教育現場において開発・実践されるからであるが、実際には多くの教育現場で試行錯誤の段階にあり、その成果もほとんど知られてはいない。しかしながら、大学進学をめざす高校生・

指導教諭・保護者はもとより卒業生を受け入れる社会・企業等、大学のステークホルダー（利害関係者）にとっては、教育内容や指導方法の改革の方がより重要な事項であろう。

大学教育の時代的要請に教育現場はどう応えているのか、学部学科のカリキュラムや指導法はどのように変わるべきかは、わが国の大学の教育現場が直面している課題である。それはすべての大学のステークホルダーの重要な関心事項であるとともに、担当する教員一人一人にとっても切実な問題である。これが本書を企画するに至った動機である。

本書の執筆者8名は、長崎県立大学の旧経済学部において専門科目を担当するとともに、大学改革の中心的メンバーとして心血を注ぎ、巻末の「執筆者紹介」に示すように実践的なゼミ活動や地域活性化に関わる研究などに積極的に取り組んできた。各章は新たな教育実践に関する考察であり、構成は以下のようである。

第1章「学習観の転換と地方大学の可能性」（古河幹夫）は、大学ユニバーサル時代における地方の文系学部の役割と新たな教育法の意義についての検討である。第2章「ゼミ教育の実践的手法とその効果」（青木圭介）は、新しい教育法として注目されているプロジェクトベース学習（PBL）手法の効果について「対抗ゼミ」等の実践にもとづいて検証した。第3章「教養の必要性——求められる教養のこれまでとこれから」（谷澤毅）は、実学重視時代にあって地域と歴史を踏まえた「教養」の意義をグローバルかつ長期的視野から検討した。第4章「実践的な経済学教育　教育効果の客観的指標について」（矢野生子）は、資格取得分野とは異なって教育効果が見えにくい経済学教育において「日経テスト」等を用いた教育効果の指標化を試みた。第5章「地方大学における実践的な経営学教育」（新川本）は起業や企業研修などを取り入れた実践的な経営学教育の意義について検討した。第6章「海外ビジネス研修の取り組み」（岩重聡美）は、グローバル人材育成を目的とした海外ビジネス研修と海外インターンシップの意義について実践にもとづいて考察した。第7章「反知性主義時代における西洋経済史ゼミの試み」（長濱幸一）は、成果主義や実用主義が広がるなかでも地道な学術研究を踏まえた理論的・実践的ゼミ活動が、地方大学生の飛躍的成長に結びつくことを検証した。最後に第8章「大学教育におけるアクティブ・ラーニングとしまなびプログラムの成果」（綱辰幸）は、地域をフィールドとしたアクティブ・ラーニングの効果について長崎県の「しま」をフィールドとした教育実践にもとづいて検討した。

このように各章は、執筆者の専門分野の講義やゼミの現場からの考察であり、大学教育論として体系的に構成されているわけではない。それは経済・経営系とはいえ8名の執筆者は専門分野も異なり、まして大学教育論を研究している者でもないからである。しかし、各教育実践から導き出された教育法とその成果は、現代における大学固有の教育のあり方とその意義を提示しているものと思っている。

それは、「顧客満足」や「社会的要請」に対応して短期的成果を性急に求める風潮が広がる中で、大学教育固有の普遍性・長期性・多様性を損なわず、持続可能な地域社会で経済や文化を担う人材やグローバルに活躍する人材の育成をめざした大学教育である。各章の教育実践は未だ確立した教育法ではないが、各章に描かれた学生との相互作用にもとづいた教育実践の中に、新しい大学教育のあり方が見えていることを受け取っていただけたら、編者としてはこの上ない喜びである。

２０１６年12月8日　編者を代表して　木村　務

地方大学の挑戦――経済・経営系での教育実践◉目次

まえがき　長崎県立大学名誉教授　木村　務　1
学習観の転換と地方大学の可能性　長崎県立大学地域創造学部教授　古河幹夫　13
ゼミ教育の実践的手法とその効果　長崎県立大学地域創造学部教授　青木圭介　37
教養の必要性　長崎県立大学経営学部教授　谷澤　毅　71
実践的な経済学教育　長崎県立大学経営学部教授　矢野生子　109
地方大学における実践的な経営学教育　長崎県立大学経営学部准教授　新川　本　133

海外ビジネス研修の取り組み　長崎県立大学経営学部教授　岩重聡美　151

反知性主義時代における西洋経済史ゼミの試み　長崎県立大学地域創造学部講師　長濱幸一　173

大学教育におけるアクティブ・ラーニングとしまなびプログラムの成果　長崎県立大学地域創造学部教授　綱　辰幸　209

あとがき　241

著者紹介　244

地方大学の挑戦——経済・経営系での教育実践

学習観の転換と地方大学の可能性

古河幹夫

I　ユニバーサル時代における文系学部の役割

２０１５年は大学のあり方をめぐって重要な問題提起がなされ議論がひろがった年であった。一つは、国際的に競争するグローバル型大学とローカル型大学では社会的な役割が異なるので、「特化」すべきであるという議論。文部科学省の職業教育に関する有識者会議で経営共創基盤最高経営責任者の富山和彦氏が提言した「G大学」「L大学」論である（実際の提言は２０１４年10月）。もう一つは文部科学省が全国の国立大学に出した通知で、人文社会科学系と教員養成系学部の廃止や他分野への転換を求めるものであった。いずれも新聞紙上で大きく報道され、[1] また東京大学の副学長である吉見俊哉氏は「文系学部廃止」と受け取られうる提言に、知の構造の基礎から反論を試みた。[2]

いま、大学をとりまく環境、および社会から大学に求められる要請などを図のように模式化して把握してみたい。『ＩＤＥ現代の高等教育』２０１６年１月号で大学教育関係者が「２０２０年への展望」を考察している。[3] ４年制大学就学率が２０１０年で50％に達しユニバーサル化段階にはいった。18歳人口減少が一時的に下げ止まり２０２０年ごろまで小康状態が続くが、２０２０年以降は18歳人口が再び減少しはじめ、大学にとって「量的縮小」の時代が始まる。〈社会〉から大学への要請としては、大学教育の質的保証、グローバル人材の育成、国際水準の研究、大学情報の公開、および大学のガバナンス改革などがあげられる。〈大学〉から社会に対しての要請は財政基盤の充実、大学（とくに国立大学）の自主性尊重などであろうか。

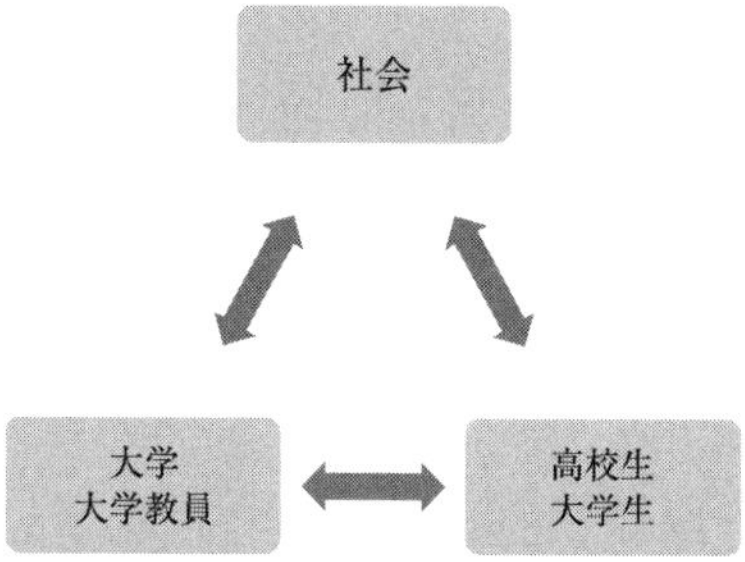

〈大学生〉が大学や社会に対してどのような要望をもっているのか。高校卒業時に半分以上の高校生が大学・短大に進学する「ユニバーサル段階」（トロウ）状況の出現にともない、大学進学を、学問するためという より、就職のための一つのステップとみなすことが進学の動機となってくる。2000年代になり、『就活のバカヤロー』や『就活のコノヤロー』といった題名に示されているように、就職活動に関する書籍の刊行が世間の関心の高さを示している。大学のキャリア教育は、非正規雇用が１／３を越える実態をふまえて正規雇用を暗黙の目標にしているなか、大学生は就職活動に直面するさいに遭遇する

１　とくに日比嘉高氏、冨山和彦氏の主張『朝日新聞』２０１５年３月４日
２　吉見俊哉［２０１６］
３　とくに金子「２０２０年までの課題」。また、金子［２０１３］も参照のこと

社会の厳しい視線を、学生生活全般において感じざるをえない。自己形成の途上にある自らの不安と、人生モデルがもはや存在しないと言われつつも4年間を一定のリズムに乗っていかなければならない葛藤があるだろう。[4] ただ、有力難関大学の大学生は「出口」である就職状況というよりも、教授陣の研究でもって大学・学部を選択する割合が高いと言われており、大学生として一律には論じられない。

では〈高校生〉は大学に何を求め、社会に何を求めているのだろうか？　所得格差拡大という状況を背景に大学教育の機会均等という要求には切実なものがある。とはいえ大学教員が高校の現状について適格な認識をもつのはそう簡単なことではない。ここで上記『ＩＤＥ現代の高等教育』の特集「変わる高校と大学改革」[5] から、高校教育の現状についてヒントを求めてみる。高等学校は大学進学率を指標として評価されてきたところが大きいが、高等学校間の階層構造がここ10年ほどは拡大してきたという。従来的な学力形成の点では全般的な改善がみられるものの、高校教員の多忙化が深刻で、複雑化するグローバルな問題群に切り込むようなカリキュラム開発の取り組みは弱まっているのではないかとされる。

今や、18歳人口の50％以上が大学等に進学する「ユニバーサル化」の段階に入っているが、大学全体の入学枠と志願者数のバランスで「大学淘汰の時代」と言われる。入学してくる学生の動機、学力、背景は多様化しており、大学関係者はそのことを認識しつつも組織としての対応に追われているのが実情である。大学教員のなかで「忙しくなった」という感想がよく聞かれ、かつ「マージナル大学だと、若手は教育を熱心にやっているが、同時に研究をしないと次がないので、教育と研究の板挟みで苦しんでいる」[6]と、内部者の実感を紹介しているが、共感する大学教員は少なくないであろう。

本稿は、右記に瞥見した社会、大学、高校生・大学生のそれぞれに対する要請が相互に齟齬する度合いが大きく、バランス回復に向けての調整に苦慮しているという現状認識のもと、そのさい、教育現場の当事者たる大学教員において、環境変化に相応しい教師像があいまいな点が、一つの重要なポイントではないかとの考えから、以下の考察を行う。

Ⅱ 「学び方」の新たな展開

教育の領域で「アクティブ・ラーニング」が時代の変化を象徴する用語になっている。「伝達型」の教育から「自ら主体的に考える」学びへ。学習は教師中心の取り組みから学生中心の取り組みへ。そしてPBL（問題解決型授業）の教育実践も広がりつつある。まさに『主体的学び』と題する雑誌が創

4 石渡・大沢［2008］、石渡［2013］、児美川［2013］
5 『IDE現代の高等教育』2016年4月号、菊池栄治「高校教育の近未来を捉え直す」
6 シリーズ大学7『対話の向こうの大学像』岩波書店、2014、広田氏の発言

刊され、特集として「パラダイム転換」を掲げているが、このパラダイム転換には授業方法や観点の相違だけでなく、学習成果の基準、教師の役割、学習理論まで含む大きな範囲が及ぶのである。[7]

学生の知的発達に関する研究[8]によれば、大学生の初期段階の論理的思考は二元性と特徴づけられる。問題には本来「正解」が存在し、曖昧さやグレーゾーンの余地がないものと解釈されている。教育とは「正解」の知識を蓄積するプロセスである。ある教育者はこれを「銀行預金型の教育」[9]と名づけているが、知識やスキルを学習によって貯めこんでいく教育である。従来の高等学校までの教育を特徴づけてきたといえよう。その後、学生は明確な正しい答えのない問題群を考えるなかで、多元性の段階に進む。知識とは複数の見解がかかわるものであるという認識をもつ。正しい「解」は一つでなく、どれもが「正解」となれば、教師はもはや揺るがない権威ではなくなるが、学生にとっては自分自身の知識を構築し始めることを意味する。

複数の意見にはそれぞれ根拠が存在し、その根拠の妥当性や学問領域での通説・ルールに照らして評価されるなかで、それなりの優劣が存在することが認識されるようになる。相対性の段階である。およそ理論というものはすべて完成形でなく発展のなかにあることが認識され、教員は継続的な学習の助言者・手本となる。この段階をへて、学生はコミットメントと称される段階に進む。全ての学生が一定の学習期間にこの段階に到達できるわけではないだろうが、ある問題群に対して暫定的に一つの観点・理論に立脚し知識を構築していく。コールバーグの道徳発達理論にも照応して、社会現象や

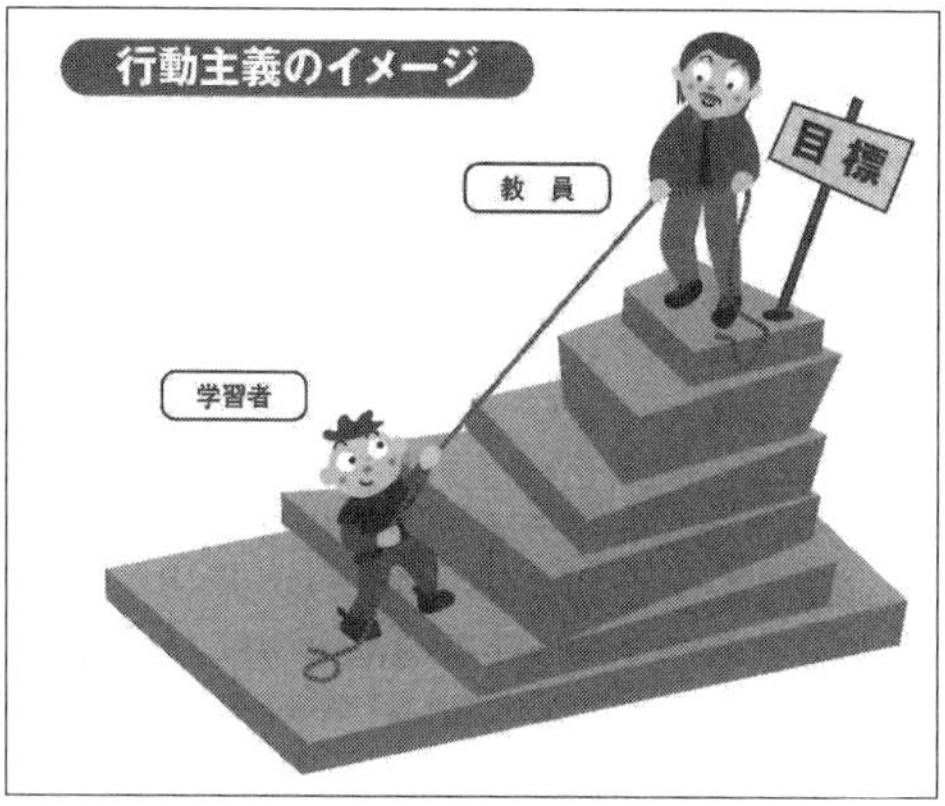

図表1　行動主義のイメージ図

自己の行為を社会的文脈に照らして評価する「責任ある倫理的態度」がとれるようになる。

学ぶということは、たんに知らなかったことを知るようになったという単純なことでなく、物事は独立して存在するのでなく他の物事・事象との関連のなかで存在していること、一つの側面だけでなく複眼的に見ることが必要であること。また、知るということは「自分がいかに知らないか」を知ることである、というように様々な言葉で学びの「深さ」の認識が表現されている。[10]

教員が学生をある「到達目標」に引き上げるのでなく、学生が（すでに備えている能力をもとに）ある課題にたいして考察・思考を深め自分の知的構造をより充実させていく。この違いをわかりやすくイメージさせるのが林徳治氏

7　『主体的学び』創刊号、2014

8　アンブロー［2014］

9　発展途上国での識字教育活動を理論化したパウロ・フレイレの『被抑圧者の教育学』亜紀書房、1979、『希望の教育学』太郎次郎社、2001

10　佐々木［2012］。林他［2016］第2章にも「知識の深い学習」について説明がある

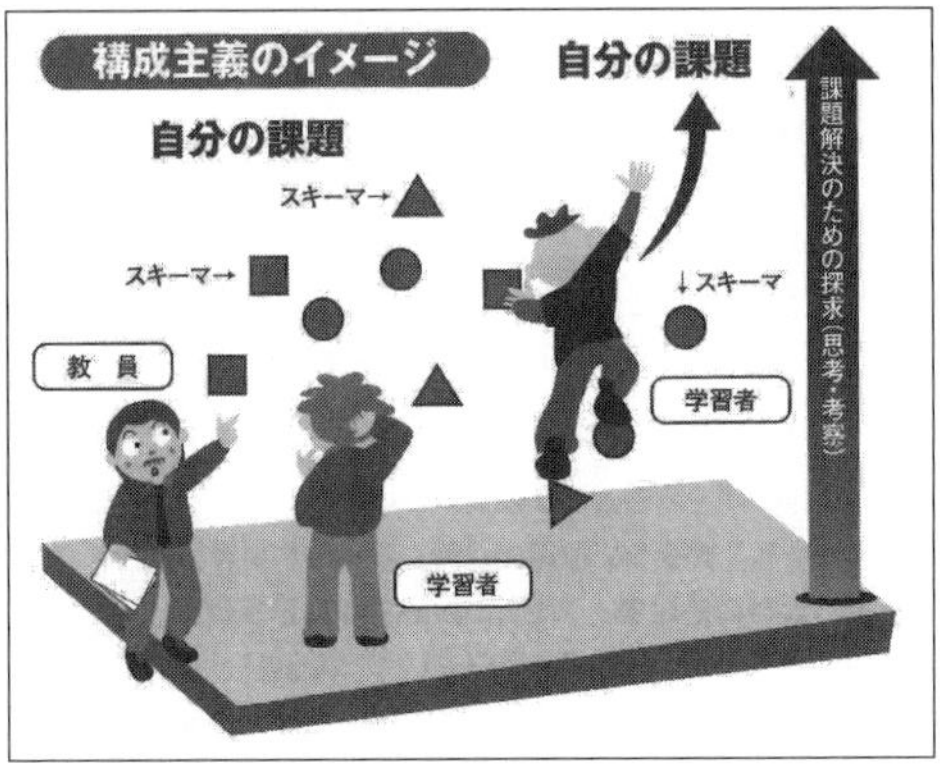

図表２　構成主義のイメージ図

の図である[11]（論述の関係で従来型の教育を「行動主義」と表現し、能動的で学習者主体の教育を「構成主義」と表現されているが）。ここでスキーマとは、「学習者が既に有している知識やそれによる思考や観点」のことである。

学生の発達には知的・認知的な側面だけでなく、非認知的な側面もある。前述の研究は「社会的アイデンティティの発達」という視点から発達心理学の知見をまとめている。[12] 幼児期に対応する無邪気な段階がまず最初にくる。各人がいかなる予想も偏見も持たない段階である。継続的に生じるのが個々に属する社会集団等の価値観等が受容される段階である。アメリカのように移民が多い国では初等教育から高等教育において、服装、食事、遊び、交友、親子関係、そして同性愛者への態度などじつに広い範囲で問題になりうる。同調への世間的、社会的圧力があれば、とくに少数派に属することを自覚している大学生であれば、支配的な価値観にたいして抵抗が生じてくる。彼らは「自己の帰属集団のメンバーとのみ交流して他の集団から離れる没頭の段階を経験する傾向がある」。異なる集団のあいだで交流や相互理解が進むなか、学生がこの段階をうまく通過することができれば、より高度な「再定義および内面化」の段階に達することが可能である。この図式はアメリカ

図表3　学力をどうとらえるか

	測りやすい力	測りにくい力
学んだ力	知識、(狭義の) 技能	読解力、論述力、討論力、批判的思考力、問題解決力、追究力
学ぶ力		学習意欲、知的好奇心、学習計画力、学習方法、集中力、持続力、(教わる、学びあうときの) コミュニケーション力

市川伸一『学力から人間力へ』教育出版、２００３年、12頁

の研究にもとづくものだが、ユニバーサル段階で多様化した学生を迎えているわが国の大学においても教育者は今まで以上に留意が必要な点である。

１９９０年代後半から青少年が涵養《かんよう》すべき能力として、好奇心、持続力、行動力、コミュニケーション力、そして包括的に「人間力」といったものが脚光をあびてきた。市川伸一氏によれば、初等中等教育における学力低下をめぐる論争のなかで、学力には「学んだ力としての学力」と「学ぶ力としての学力」があり、その測定は簡単なものとは限らないことが論点の中心にあったという。経済産業省が提唱し頻繁に言及される「社会人基礎力」もこの流れのなかにある。金子元久氏は[13]「意欲系」「伝達系」と規定し、本田由紀氏は「近代型能力」に対比して「ポスト近代型能力」と特徴づけ、メリトクラシーの強化・深化と捉える。[14] この非認知的な能力が認知的能力発展の基礎にあり、この領域への働きかけが大学教育においても一層求められるようになったのである。

11　林［２０１１］から。この図については、京都コンソーシアム主催のＦＤ研修大会分科会（２０１6年3月5日京都外国語大学）において、中村正氏の報告のなかで教えていただいた

12　アンブローズ［２０１４］

13　金子［２００７］

14　本田［２００５］

学習観が大きく転換しつつある現在、大学における教育を真に実効あるものにするためには、とくに教員およびその実践を組織し管轄する大学の側、そしてそこで学ぶ学生において以下の点に留意することが必要であると思われる。

第1は、ある領域の専門家たる教員が学生のバックグラウンドやニーズを正確に把握しないで教壇に立っている可能性がままあることである。ユニバーサル化段階の学生にとって大学で学ぶことは、社会にでる前の4年間にすぎず、かつての大学卒業という学歴が一定のポジションを約束してくれた時代とは異なり、勉学意欲に富み教師や学問に対する尊敬・畏怖の念を持っているとは限らない。教育のプロフェッショナル性を了解・納得させる教育実践がもとめられる。

良き研究者がそのまま良き教育者とは限らない事実は、今日大学での研修（FD）を制度化させているが、専門家ゆえの知識・技能獲得プロセスに関する無意識性、そしてその知識・技能を構成するコンポートメント性と要素への分割についての不十分な自覚について、教育学の専門家から指摘されている。熟達したシェフが見習いの料理人に料理を教える場面を考えてみよう。「ソースがちょうどよい濃度になるまで熱する」という指示は、熟達したシェフにとっては当然のことだが、見習い料理人にとってはフライパンの操作、火加減、時間、ソースの表面の変化など、それぞれの要素の把握の程度やそれが全体としての出来具合にどのように関係するのか、わからないことばかりである。指導力は年数を要する経験のなかで身につけられるものだが、教師は自分の専門領域における優秀な学生であったという自分史ゆえに、学生がどこでつまずくのか等の認識が不得意である点を自覚しなければばならない。

第2は先に述べた非認知的な側面への配慮である。認知的スキルの発展にとって非認知的スキルが果たす役割の重要性はますます認識されるようになっている。近年、経済学の領域からこの問題の重要性を指摘したのがヘックマンである。就学前の幼児期に忍耐力、協調性、計画力などの非認知能力を涵養することが、認知能力の発達にとっても、またその後の「生きる上での機会」を充実するうえでも重要であるという指摘を行っている。[15] このような考察は教育学において特段目新しいものではないが、最近の脳科学の発達を踏まえて、非認知的スキルの発展は二十代のはじめまで発展可能としている点は、大学教育にとって大切な問題を提起していると言える。

問題の一つは教員がその指導に相応しい能力を獲得しているのかどうかである。大学教員の養成課程において非認知的な側面での技能養成に組織的な配慮がなされることはまれであり、認知的な能力に付随して形成されるものと理解されている。実際には、個々の教員が経験を積むなかで、また社会活動等に携わるなかで自発的に涵養する能力である。もちろん、大学での教育実践の過程で、いわゆる学力は低いがやる気のある学生、人を引きつける特質をもった学生等との出会いはめずらしいことではなく、それぞれの学生にとっての「目標」を共有する場合には適切な教育的交流は可能である。大学が教育プログラムにおいてこの非認知的スキルの涵養をどのように計画し評価しているのか組織と

15　ヘックマン［2015］。タフ［2013］もアメリカでの実例を伝えている。ダニエル・ゴールマン『EQ：こころの知能指数』講談社＋α文庫（1998）も世界的に有名な著作

しての取組が問われている。

第3は学力観の転換において大きくクローズアップされている「アクティブ・ラーニング」に関わる教育方法の捉え方である。このアクティブ・ラーニングとはどのようなものなのか。一方的な伝達型の講義、受動的な受講、知識詰め込み型でなく、双方向的、討論型、能動的な学習、そして体験型の授業という理解が大方のものだろう。でもそのような授業は小中学校であれば1980年代に「ゆとり教育」に関連して打ち出された方向性ではないのか、[16] また、大学の少人数演習で行われてきた教育そのものではないのか、という疑問が生じよう。そして授業の到達目標をしっかりと掲げて評価を厳格にせよとの中央教育審議会等の指導方針と齟齬があるのではないかという疑問。

ある領域で到達させるべき知識水準が比較的明確に定まっている授業と、学生の知的発展を重視し正解がそれほどリジッドに定められない課題に取り組む授業は、多くの学問領域で併存している。したがって両方の授業スタイルを二者対立的にとらえるのでなく、形態の違いであると捉え、授業展開や評価方法の工夫が求められる。「21世紀型スキル」を論じた著者たちはこれを総合的に把握しようとしている。「21世紀型スキル」として挙げられているのは以下の10項目である。[17]

思考の方法
1　創造性とイノベーション
2　批判的思考、問題解決、意思決定

3　学び方の学習、メタ認知

働く方法

4　コミュニケーション

5　コラボレーション（チームワーク）

働くためのツール

6　情報リテラシー

7　ＩＣＴリテラシー

世界の中で生きる

8　地域とグローバルのよい市民であること（シチズンシップ）

9　人生とキャリアの発達

10.　個人の責任と社会的責任

第４は大学教員像をめぐるゆらぎである。大学教育の内的刷新を考えてきた田中毎実氏は「教育と研究の一致の理念は、もはや大学で

16　大島三緒「〈ゆとり〉は再生するのか」『日経新聞』２０１６年４月17日

17　グリフィン［２０１４］

18　グリフィン［２０１４］、162頁の図を修正

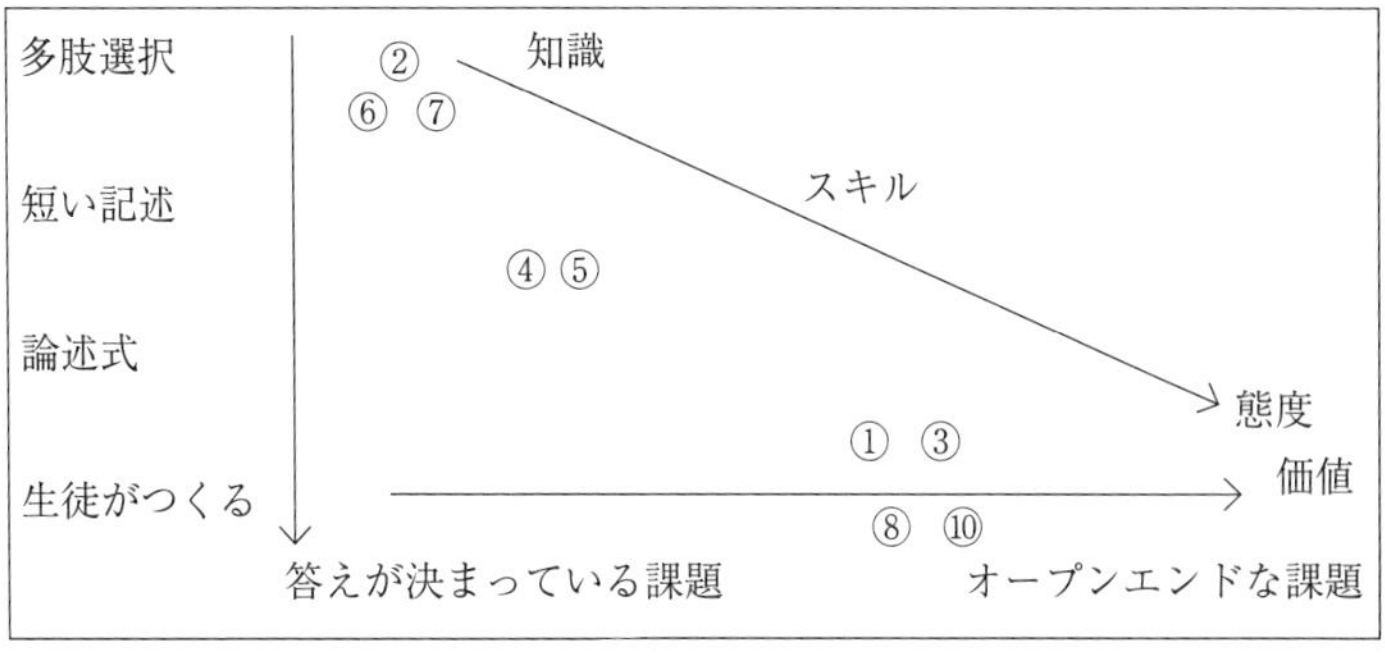

図表４　21世紀型スキルを評価するための枠組み[18]

教える人をしっかりと支える理念ではありえなくなった。私たちが直面しているのは、一致の理念の弱体化による大学教員の自己規定のゆらぎであり、それによる大学教育の動揺である」[19]と問題提起している。教育と研究の一致という理念は本書の谷澤論文でも考察されているようにフンボルト的理念として、とりわけわが国の国立大学教員において広く共有されてきた自己規定である。

しかし、大学の「機能分化」が進み教育に大きく重点をおく社会的使命を与えられた大学において、大学教員はまず第一に「教師」である。ところが、大学教員の自己規定の第一が「研究者」であるという実態が広く存在する。大学教員は幾つかの大学・研究所を移動しながら自らのキャリアを充実させていくことが、たとえば「任期制」という雇用形態が想定しているし、転出のさいの教員の評価も研究面を中心にせざるをえないのが現状である。向上心のある有能な若手教員であればなおさら研究業績を第一に考えることになる。学生の面倒見が良いが研究業績がもう一つであるような教員よりも、教育面において可もなく不可もなくこなしながら研究面において業績をあげている教員の方が、同僚からも教員評価においても高い評価を得ることが多いのは珍しいことではない。

大学教員に求められる役割として教育と研究は二本柱であるが、それをどの程度の比重で期待されているのだろうか……。やや部内者的な感触によれば、地方私立大学では30％対70％、地方公立大学では50～60％対40～50％あたりではなかろうか。結論的に言えば両方とも必要な活動であり、両方とも強化しなければならないことになっている。しかしながら、教育は片手間にこなせるような仕事ではなく、専門性と熱意専心を必要とする職業である。ライフワークを追求するにあたって生活の糧を得るため別の仕事に従事することは、芸術やスポーツなどの分野でめずらしいことではない。しかし職業としての地位が保証されている専任教員が教育をセカンドジョッブと認識している状況は、教員にとっても大学にとっても不幸なミスマッチであろう。地方大学の教員は教育と研究をどのように統一させていけばいいのか、その像が問われていると思うのである。

この点で、文学に描かれた教員像がなにがしかの示唆を与えてくれるのではないか。綾目広治氏は明治期から現代にいたるまで文学に表現された教師像を追った書籍を表されているが、そのなかに現代における「人間くさい教師たち」として重松清が美術教師を描いた小説をとりあげている。[20] 小説の語り手Tが中学生だったとき、自分は美術の教師というよりも画家であると思っている、アンリ・マティスの絵が好きな先生がいた。コンクールに何度も挑戦するのだが入賞したことはない。その教師が絵の才能がある転校生を指導し県のコンクールに出展させる。だが選に入ることはなく、その転校生は東京の美大を受験するも失敗し、結局、地元の女子大を卒業し専業主婦となった。美術教師は定年退職し今は老人介護施設に入っている。語り手Tがその教師に会いにいくと、筆を使って絵を描くのは難しくなった先生が自分の手のひらで描いた絵を見るのであった。そのとき彼は「先生がずっと描きつづけてきたものが、やっとわかった。それは、私もいま――誰だってずっと、目に見えないキャンパスに描きつづけているものであった」という感慨を抱く。

19　シリーズ大学5『教育する大学』岩波書店、2013、田中毎実の論稿

20　綾目［2015］。重松清「マティスのビンタ」『せんせい』新潮文庫（2011）に所収

どの分野であれ自分に才能があるからといって作品や論文に結実するとは限らないし、それが評価を受けるかどうかには別の諸要因が絡んでくる。紹介したのは中学校の美術教師の像であるが、地方大学の教員も自分が選んだテーマを追究する学徒でありつつ、教育に携わる教師である点で示唆的ではなかろうか。学問や科学は発展すればするほど体系化の方向に進み、領域も細分化し研究者としてフォローしなければならない知的な分量は増えつつある。より研究環境のいい大学・研究所への転出を希望することは、研究者を第一のアイデンティティと考えている教師であれば無理ないことである。ここに教育を主眼とする大学での教員という存在とのあいだでのジレンマがうかがわれる。学問の高度化・体系化にともない研究と市民の知的関心・理解との距離は広がらざるをえないところがある。その両者を繋げるような研究、領域越境的なタイプの研究、地域の固有性を普遍的な知的世界へとつなげるような研究――そのような研究をフロンティアとしてとらえるならば、地方大学教員にとっての可能性があるのではなかろうか。

現在大学教員である人々は良き学習者であった。だが、学習観の転換が言われる今日、教員自らが、変化する環境と属する大学の使命に照らして、学習者として自己規定しなおす必要がある。ではなにを新たに学ぶのか？　学習とは本来「世界への全体的な適応過程」であり、制度的な学習に携わっていなくてもわれわれは経験からたえず学んでいる。日々の生活や仕事のなかから観察し省察をおこない、すでに持っている概念や知的モデルによってその意味を解釈し、さらなる行動の指針としたり新たな試みを行ったりする。コルブは「体験的学習」というパラダイムのなかで知の構造を詳細に分析している。[21] 教育理論にまで立ち返ることで、プロフェッショナルとしての力量と幅を鍛え、揺らいでいる大学教員像を作り上げていく共同の作業に乗り出すことができよう。

Ⅲ 地方大学のもつ可能性

1 大学における模索・成功体験

個々の大学は入学にさいしてどのような学生を受け入れようとするのか（アドミッションポリシー）、どのような学習プログラムを用意しているのか（カリキュラムポリシー）、その結果どのような能力をもってその学部を卒業することになるのか（ディプロマポリシー）を公言することになっている。それまでブラックボックスになっていた大学の中身が透明化されるわけである。当然、教育の効果は可視化されていく。同じだけの学費を払い子弟を4年間託す側にとっては、政府系であれ受験産業であれ同様の学部を比較して評価してくれることは歓迎すべきことであろう。

だが教育には短期間に目に見える効果と可視化されにくい効果があることは、さまざまな人々が主

21 Kolb［1983］

張している。佐伯啓思氏は、18～21歳の人格形成にとって重要な時期に人生を省察する意義を述べている。曰く「どこに自分の居場所があるのかいまだわからず、悶々とし、社会性をもてずに自分をもてあましている者……。こうしたある意味では「普通の」若者たちの心情に寄り添うことこそが本来の教育だと思う」[22]と。ゼミの授業において教員が自分の考えと異なる学生の意見に対して、軽くいなすのでなく「君のその考えは面白いね、もっと説明してくれ」といった態度をしばしばとるのを目にする学生は、それが予想もしなかった議論の世界を広げ、快い満足感と深い示唆を余韻として残す場面を経験し、あたかも子どもが親の背中を見て育つが如く、他者の異なる意見を大切にすることの意義を学ぶだろう。これはなかなか可視化できない教育の効果である。

大都市部の大学には多くの機会があり、学生のさまざまな興味に応ずる場や手段が存在する。それに比べると地方の比較的規模の小さい大学には機会と手段は劣ったところがあるかもしれない。だが、一般に規模の小ささは学生と教員の距離を小さくし、(たんなる「お客さん」としてでなく)参加者として関与できる場面を充実させる。模索のなかでなによりも自分を知り、多くの成功体験を重ねることが可能である。

2　職業世界との接合

伝統的な大学教員にとって、大学が職業教育に取り組むことには心理的抵抗感が強かったが、ユニバーサル化時代にあって多くの学生が4年間の修学のあと就業の道を選ぶ現状で、大学と職業生活との接合を真摯に考えなければならない。[23] 全国の国公私立大学経済学部を比較検討した橋木俊昭氏は『ニッポンの経済学部』のなかで、研究者養成やエコノミストとして就業できる学生を養成するのでない多くの経済学部（彼はこれを二流、三流の大学と呼んでいるが）は、「ビジネスパーソンを養成する場に徹していい」、「理論ではなく実技、実学を重視して教えるべきだ……。簿記、会計、人事労務、不動産、マーケティングなど企業の実務で役立つ科目をもっと教えていいのではないでしょうか」[24]と提言している。

まさに文系学部での教育は何を中心にすべきか、〝実学か学術か〟、大きな議論をよんだテーマである。地方大学の経済・経営系学部では実学の比重を上げるべきであると筆者は考えるが、他方で、ビジネスパーソンにとっても教養が必要であることを力説する論者が少なくない。それらは、自分の頭で考えて自律的に人生を生きようとするならば必要になる知的な態度であり、真の教養と言うべきもので、知識の量それ自体が問題ではないとする点で共通している。百科全書的な読書が必須というわけではないが、世界史の大筋の理解、世界に存在する多様な文化・価値の理解、文系・理系を網羅する学問の到達段階の理解が必要と認識されており、相当の読書と思索の時間が要求される。自由業や研究職等にしか許されない高いレベルでもある。職業生活に大半の時間を割かれる市民にとっての教

22 朝日新聞2016年3月4日
23 本田［2009］
24 橋木［2014］、206頁

養ということを考えなければならない。

「知識基盤社会」は知識の比重がこれまでになく高まる社会であるが、ある時期に獲得した知識の内容それ自体は急速な環境変化のなかで陳腐化する可能性が高い。学んだ内容それ自体より新たな学び方を学ぶことが重要である。グローバル化のなかで、世界の多様な文化・価値観に接することも増え、自らが関わる組織・団体の判断や利益と自分の判断・利益が齟齬する可能性もある。他者と協調しつつも同調圧力に屈しない生き方を選ぶならば必要となるのが教養であり、それは中長期的にみれば「役に立つ」知識ではなかろうか。[25]

3　地域共同体

地方出身の高校生の多くが大都市圏の大学をめざす。地方大学に進学する学生も心の中では大都市圏の大学を希望していたのかもしれない。経済的な余裕があり意欲と強い動機をもつ若者にとって、大都市は多くのチャンスと出会いに満ちた場所である。だが、都市住民としての共通規範が僅少なバラバラの個人が行き交う場所でもある。60年以上も前にヨーロッパの都市とわが国の都市を比較研究した増田四郎は「日本の都市というものは、共同体的な性格がどの条件から考えても非常に弱い」[26]と指摘している。広井良典氏もコミュニティを問い直す作業のなかで、大都市型、地方都市型、農村型のコミュニティを比較考量し、地方都市型の地域には資源・魅力として「一定のコミュニティ的紐帯」があることを挙げている。[27]

地方大学はそれが所在する地域と近接しているために、人々が仕事に行き交い子どもたちが学校に通い、なじみの店では品数は限られているとはいえ季節に応じた商品が並び、休日には少年たちがスポーツ大会に集まり、祭の賑やかな様子がアパートの窓をとおして耳に入る、といった日常を学生たちは経験する。それは大都市にはない風景とはいえないが、ゆっくりと流れる時間、〝群集の只中の孤独感〟ではなく、同じ場所に立ち会っている感覚。やはりコミュニティを体感する近さがある。まして地域の人々と交流しようとすれば、また、大学が地域との交流・連携の仕組みを提供できるのであれば、学生にとって豊かな経験が可能である。匿名で生きていける都市と異なり、たとえ名前で認識しなくても顔を覚え覚えられる関係――それは煩わしいものでもあるが、同じ地域に住む者としての責任と道徳を育む契機が存在する

地域には貴重な教育力があることはまま指摘されてきたことだが、「内発的発展論」（鶴見和子）を基盤に地域住民の教育を考察した岩佐礼子氏は豊かな生活世界をもった地域は元来学びの場であるとの立場から、地域の人々だけでなく自然のこもごもまでもが「多様な教師」であるという。「親や近所の人たち、老若男女、地元の人もよそ者も、健常者も障害を持つ人も、病人も健康な人も必要である。そして、生きている人だけでなく、モノも、動物も、山も海も川も、森も、死者も、神様も含んだ、

25 出口［2015］、麻生川［2015］、瀬木［2015］
26 増田［1994］、180頁、他方、地方の小都市は「眠れる共同体」状態であるとしている
27 広井［2009］、108頁

教師の役を演じる多様な登場人物」[28]が地域には存在する、と。だが学ぼうとしてこれらに接するのでなければ、それらは単なる環境、背後の風景にすぎない。

大都市圏の大学にこのような繋がりが欠如しているというわけではなかろう。また、地方大学に与えられた条件を活かさなければそれは潜在的な「資源」としてとどまるだろうが、多くの地方大学が地域の「知」の中心としてその役割を高めようとしている(文部科学省のCOC等)ように、しっかりとした意思のもと教育のプログラムを構築していくならば、その可能性を現実化していくことは社会的な期待に応えることでもある。

28　岩佐[2015]、306頁

参考文献

麻生川静男『社会人のリベラルアーツ』祥伝社、２０１５
綾目広治『教師像』新読書社、２０１５
スーザン・A・アンブローズ他『大学における「学びの場」づくり』玉川大学出版局、２０１４
石渡嶺司『就活のコノヤロー』光文社新書、２０１３
石渡嶺司・大沢仁『就活のバカヤロー』光文社新書、２００８
今井むつみ『学びとは何か』岩波新書、２０１６
岩佐礼子『地域力の再発見』藤原書店、２０１５
ノエル・エントウィルス『学生の理解を重視する大学授業』玉川大学出版部、２０１０
金子元久『大学の教育力』ちくま新書、２００７
金子元久『大学教育の再構築』玉川大学出版部、２０１３
楠見考・子安増生・道田泰司編『批判的思考力を育む』有斐閣、２０１１
P・グリフィン、B・マクゴー、E.ケア編『21世紀型スキル』北大路書房、２０１４
児美川孝一郎『キャリア教育のウソ』ちくま新書、２０１３
佐々木毅『学ぶとはどういうことか』講談社、２０１２
座談会「大学の課題を考える」『IDE現代の高等教育』２０１３・１
瀬木比呂志『リベラルアーツの学び方』ディスカヴァー・トゥエンティワン、２０１５
橘木俊昭『ニッポンの経済学部』中央公論新社、２０１４
ポール・タフ『成功する子、失敗する子』英治出版、２０１３

出口治明『人生を面白くする本物の教養』幻冬舎、２０１５
M・トロウ『高度情報社会の大学』玉川大学出版部、２０００
冨山和彦『なぜローカル経済から日本は甦るのか』ＰＨＰ新書、２０１４
林徳治・奥野雅和・藤本光司編著『元気のでる学び方』ぎょうせい、２０１１
林徳治・藤本光司・若杉祥太『主体的に学び意欲を育てる教学改善のすすめ』ぎょうせい、２０１６
ロバート・B・バー&ジョン・タグ「教育から学習への転換」『主体的学び』創刊号、主体的学び研究所、２０１４
広田照幸・吉田文・小林傳司・上山隆大・濱中淳子『対話の向こうの大学像』シリーズ大学7、岩波書店、２０１４
広田照幸・吉田文・小林傳司・上山隆大・濱中淳子『大衆化する大学』シリーズ大学2、岩波書店、２０１３
広田照幸・吉田文・小林傳司・上山隆大・濱中淳子『教育する大学』シリーズ大学5、岩波書店、２０１３
ジェームズ・J・ベックマン『幼児教育の経済学』東洋経済新報社、２０１５
本田由紀『教育の職業的意義』ちくま新書、２００９
本田由紀『多元化する能力と日本社会』ＮＴＴ出版、２００５
吉見俊哉『大学とは何か』岩波新書、２０１３
吉見俊哉『「文系学部廃止」の衝動』集英社新書、２０１６
David Kolb, Experiential Learning: Experience as the Source of Learning and Development, Prentice Hall Inc., 1983

ゼミ教育の実践的手法とその効果[1]

―ＰＢＬを活用した人材育成の試み―

青木圭介

1　はじめに

近年、大学教育に対する社会の見方が大きく変わりつつある。大学では社会で役立つ教育を行っているのかという指摘もその一つであろう。社会で役立つ教育とは何か。その一つの答えが、「前に踏み出す力」、「考え抜く力」、「チームで働く力」を身に着ける、すなわち経済産業省の提唱する「社会人基礎力」を備えた人材の育成だと言える。社会人基礎力の養成に有効であると実施されているのが、アクティブ・ラーニングの中心的手法とされるＰＢＬ（Project/Problem-based Learning）、「プロジェクト体験型学習」や「問題解決型学習」と呼ばれるものである。

ＰＢＬとは少人数グループによる課題解決型の学習スタイルであり、学習の主体は学生で、教員はその学習をサポートすることが基本となる。プロジェクトと呼ばれる課題（シナリオ）は、学生自身で見つけるケースもあるが、教員もしくは大学によって予め決められたプロジェクトを提供するケースが多い。池西［２００９］はＰＢＬの成否に影響する重要な二つの要素の内の一つが「課題（シナリオ）」であると指摘し、時本［2009］もPBL導入における準備および実践での工夫について、「学生の興味を刺激し学習意欲を高め、広めていくためには教材となるシナリオの工夫が重要である」と述べている。[2] したがって、何よりも学生の興味を引く課題（シナリオ）を提供することが教育効果を高める重要な要因となる。

本稿の目的は、社会人基礎力をはじめ、学生にとって社会で必要となる知識と資質を備えるための教育を如何にして提供するか、その目的や手法、効果について検討することである。本稿で紹介する筆者のゼミが行っているイベントはすべてPBLでいう課題（シナリオ）に相当する。学生にとって興味を刺激する適切な課題を提供することで、学生が主体となる体験型学習による成果、ゼミの役割やゼミ教育の効果について考えていきたい。

以下、第2章では筆者が考えるゼミ教育の目的について指摘し、第3章ではゼミ教育の実践的な手法を具体的な事例に基づき紹介し、その成果について検討する。第4章ではゼミ教育の効果として、ゼミを通じて学生が得ることが可能な成果や人材育成への試みについて考える。第5章はむすびである。

1　本稿は初出である「ゼミ教育の実践的手法に関する一考察」、『長崎県立大学経済学部論集』、第49巻第4号をもとに大幅な加筆修正を加えている

2　PBLに基づく学習方法については多くの分野で活用されているが，下島［2014］は観光ホスピタリティ教育におけるPBLの可能性を分析，少人数教育のゼミで様々なプロジェクト（課題）によるPBLの教育効果についての研究は大いに参考になる

2　ゼミ教育の目的

多くの大学では語学やゼミと呼ばれる授業は、他の講義形式の授業と比べると比較的少人数で実施されている。少人数であればそれだけ教員の学生への指導も行き届きやすくなる。その特性を生かして学生と教員とが双方向に意思の疎通を交わしながら、様々な課題やテーマを設定することで教育効果を生み出そうとするのがゼミである。近年注目されている教育手法であるＰＢＬはゼミ教育においてとくに有効的に活用できる。ＰＢＬの特徴には次のような項目が挙げられる。[3]

・学生は数人からなるグループを作り、学習に取り組む
・課題に対して予備知識に係わらず取り組むべき方法や事例が示される
・グループで問題を解決するための学習計画を立てる
・授業時間外に個人で自己学習を進め、その成果をグループで共有する
・学習に必要な文献や資料も自分で適切なものを選択し、それらもグループで共有する

以下では、筆者がこれまで行ってきたＰＢＬを活用したゼミ教育の経験に基づき、ゼミ教育を通じて学生に獲得して欲しいもの、ゼミ教育の目的について考える。

1　目的意識を有した学生生活の実現

大学には様々な地域から多様な学生が集まる。1年次に部活やサークルに所属することにより、また、授業面では比較的少人数クラスである初年次ゼミや語学のクラスなどを通じて、知人や友人を作り、それが学生生活の幅を広げる第一歩になることが多い。4年間の学生生活の中で、入学当初から知り合った者同士が卒業まで共に机を並べ勉強に勤しみ、部活やサークル活動で共に汗を流しつつ学生生活を謳歌することもあるが、中には途中で目標を見失い、大学に通うことの意義や勉強への興味、意欲も失い、学生生活のクオリティーの低下を招いてしまう学生もいる。さまざまな境遇の学生に対して、よりクオリティーの高い学生生活を実現する一つのきっかけとして「ゼミ」を考えたい。

本学では専門演習と呼ばれるゼミは大学3年次からスタートするが、大学生活のちょうど折り返し地点で改めてそれまでの学生生活を振り返り、やがて迫りつつある就職活動への準備を進めていかなくてはとの認識が芽生え始めたとき、新しく始まるゼミが学生生活のクオリティーを高める大きなチャンスになるかもしれないと気付く。一般的にゼミではこれまで知り合うことのなかった新しい仲間が集い、与えられた課題を共にこなしていくことを通じて共通の目的意識を持つことになる。その共通の目的とはゼミでの発表であり、ゼミ独自のイベントへの参加であり、最終的には卒業論文の作成ということになる。いずれにせよ、課題や卒業論文のテーマが各々異なっていようとも、それらを

3　以下の項目は三重大学高等教育創造開発センターの「PBLのススメ」を一部参考にしている。http://www.hedc.mie-u.ac.jp/pdf/student_guide.pdf

一人一人の学生がゼミの枠組みの中で進めていくことが共通の目的意識を有することになり、その課題に真摯に取り組むことで学生生活に活力が生まれることになる。

そのようにして共に勉学に勤しむゼミの仲間とは、自然と連帯感や協調性が培われ、学生生活の中でもゼミが中心的な位置づけとなることも少なくない。ゼミで知り合った友人とは卒業後も末永く親交を深めることも多い。

2　コミュニケーション能力の向上

ゼミでは各々が与えられた課題に対し準備をし、その成果を発表・報告することになる。人前で発表することを苦手とする学生は多くいるが、ゼミはそのような学生が発表の機会を重ねることで苦手意識を無くす場である。与えられた課題に対し十分な準備をすることが人前で話すことへの自信につながり、その自信が羞恥心や不安を取り除いてくれる。羞恥心や不安が無くなれば、次は如何に分かり易く人に伝えることができるかということを考えるようになり、プレゼンテーションの技術が磨かれていく。さらに、自分の発表に対する質問に答えるなど、質疑応答を重ねることで人とのコミュニケーション能力を高めることにもなる。

また、ゼミでは他のゼミ生達との共同作業を伴うイベントも多々ある。詳細については後述するが、そのような共同作業を通じて、協調性や主体性、実行力や発信力といった社会人として必要とされるスキル[4]を身に着けることができ、それらもすべてコミュニケーション能力の向上に結び付くものである。

3　社会人基礎力の育成

社会人基礎力とは、「職場や社会の中で多様な人々と共に仕事をしていくために必要な基礎的な力」で、経済産業省によって2006年から提唱されている。それらは3つの基本的なカテゴリーの中に12の能力要素を配置することで構成されている。図―1を参照。

〈前に踏み出す力〉・・・・・・「主体性」「働きかけ力」「実行力」
〈考え抜く力〉・・・・・・・「課題発見力」「計画力」「創造力」
〈チームで働く力〉・・・・・・「発信力」「傾聴力」「柔軟性」「情況把握力」「規律性」「ストレスコントロール力」

経済産業省によると、企業や若者を取り巻く環境の変化により、「基礎学力」「専門知識」に加え、それらをうまく活用していくための「社会人基礎力」を意識的に育成していくことが今まで以上に重要となってきているとの認識から、大学教育における「社会人基礎力」の育成を強く推奨している。

4　これらのスキルは基本的には「社会人基礎力」に含まれるものである

経済産業省では２０１３年には社会人基礎力育成の好事例の普及に関する調査を行い、「社会人基礎力を育成する授業30選」実践事例集を発表し、広くその普及に努めている。[5]

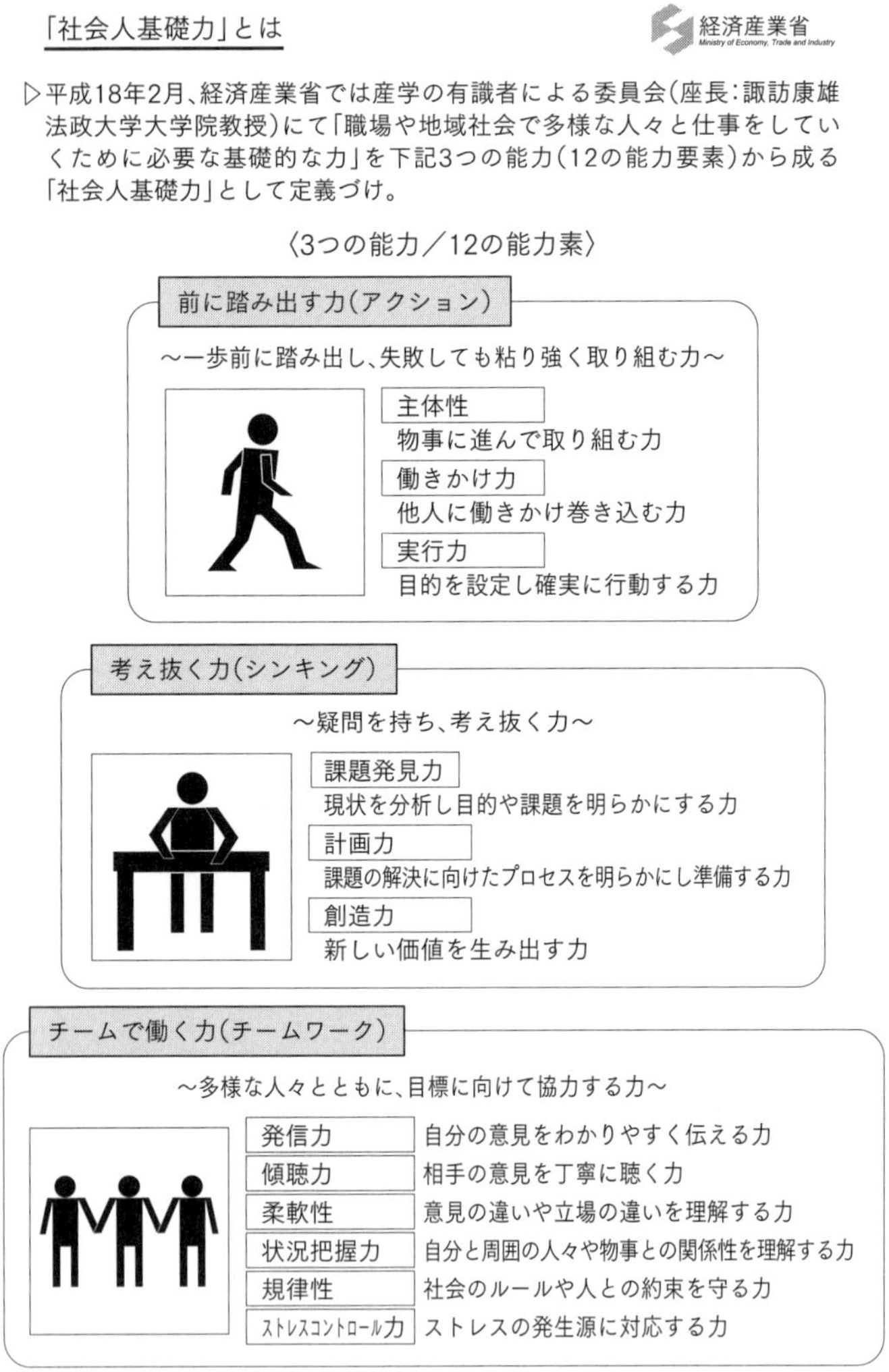

▷平成18年2月、経済産業省では産学の有識者による委員会(座長:諏訪康雄法政大学大学院教授)にて「職場や地域社会で多様な人々と仕事をしていくために必要な基礎的な力」を下記3つの能力(12の能力要素)から成る「社会人基礎力」として定義づけ。

〈3つの能力／12の能力素〉

前に踏み出す力(アクション)

～一歩前に踏み出し、失敗しても粘り強く取り組む力～

主体性	物事に進んで取り組む力
働きかけ力	他人に働きかけ巻き込む力
実行力	目的を設定し確実に行動する力

考え抜く力(シンキング)

～疑問を持ち、考え抜く力～

課題発見力	現状を分析し目的や課題を明らかにする力
計画力	課題の解決に向けたプロセスを明らかにし準備する力
創造力	新しい価値を生み出す力

チームで働く力(チームワーク)

～多様な人々とともに、目標に向けて協力する力～

発信力	自分の意見をわかりやすく伝える力
傾聴力	相手の意見を丁寧に聴く力
柔軟性	意見の違いや立場の違いを理解する力
状況把握力	自分と周囲の人々や物事との関係性を理解する力
規律性	社会のルールや人との約束を守る力
ストレスコントロール力	ストレスの発生源に対応する力

出所：経済産業省

図－1　社会人基礎力とは

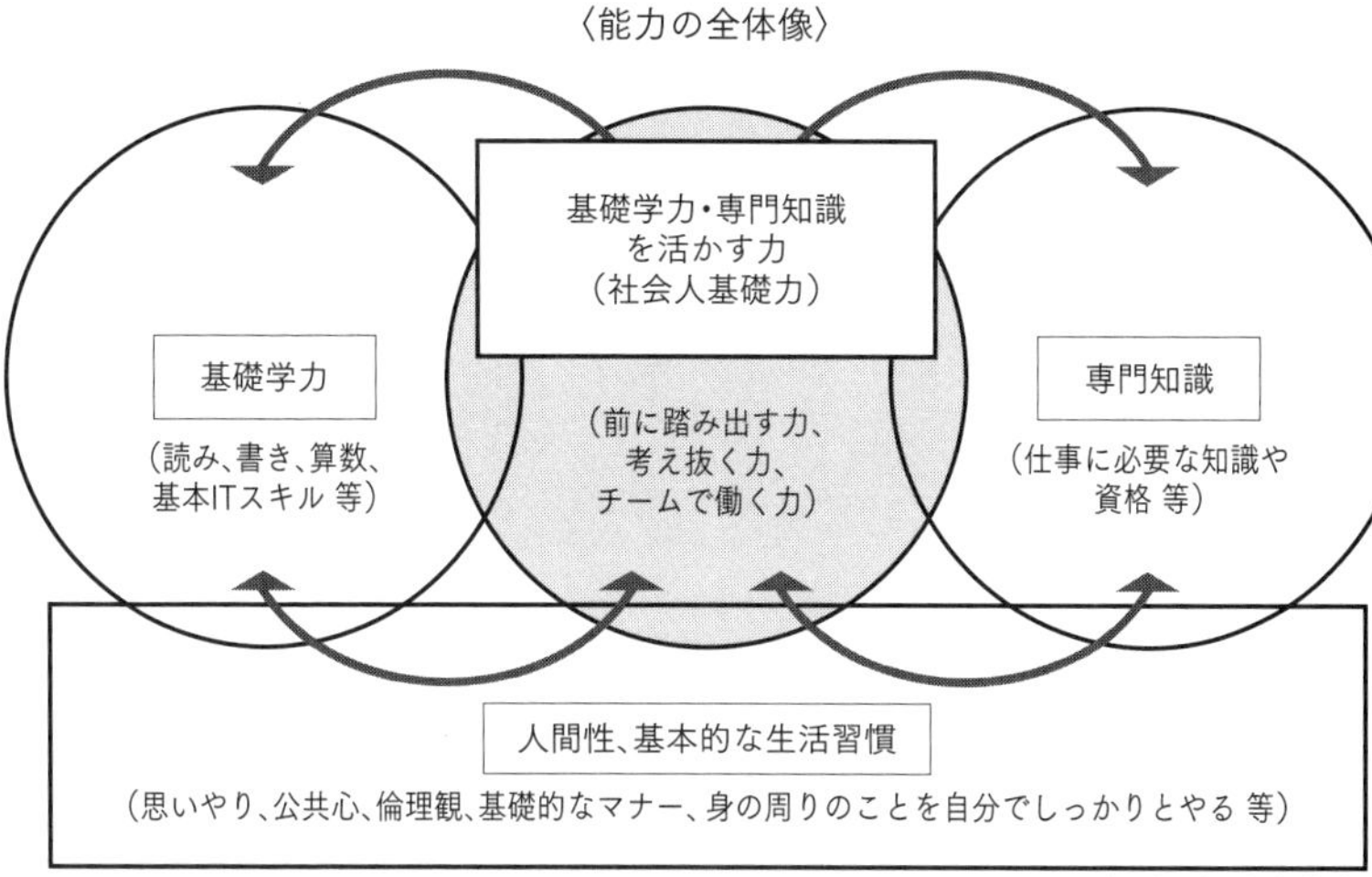

出所：経済産業省

図－2　能力の全対像

図―2にあるように、社会人基礎力の育成には「基礎学力」や「専門知識」を活かす力も必要となるが、読み書き・計算・ITスキルなどの「基礎学力」や仕事に必要な知識・技能などの「専門知識」についても一部はゼミ教育を通じて養うことを目的としている。

4　満足のいく就職活動

4年間の修業年数を経た学生の多くは卒業後社会人として社会に飛び立っていく。学生にとっては卒業後の自分の進路は大変重要で、4年生になると多くの学生が少なからず不安と共に就職活動を始めることになる。

就職活動においては、企業に対していかに自分をアピールするかが大事になるが、企業から見れば就職後にどれだけ会社に貢献してくれるか、その期待値が高い

5　詳細については経済産業省のサイトを参照
http://www.meti.go.jp/policy/kisoryoku/index.html

学生を採用することは当然である。その期待値と密接な関係があるのが前項で指摘した「社会人基礎力」である。学生がゼミの活動で培った「社会人基礎力」を武器に満足のいく就職活動を行うことが、ゼミ教育の重要な目的である。

日頃からゼミにおいて社会で働くことの意義や重要性などを学生に伝えているが、ゼミは最終的に学生が自ら満足できる就職先を見つけることをサポートする場でもある。筆者のゼミでは就職活動を各々が個人的に独力で行うものとは考えていない。もちろん、希望する就職先を確保するために学生個人が独自にしかるべき行動をとることは当然であるが、ご家族の方々が学生本人を物心両面からサポートするように、ゼミでもせめて「心」の面からだけでもサポートすることが大事と考えている。就職活動のスタート時期はほぼ同じであるが、就職活動の終了時期には内定の取得時期によって個人差がある。早々に内定先を確保する者もいれば、年を跨いでようやく確保する者もいる。就職先から内定をもらう時期の早い遅いは本来は重要な問題ではなく、大事なのは如何に自分に合った、自分が満足のいく就職先を見つけるかであるが、内定がなかなかもらえず、周りから一人取り残されたような状況に置かれた学生の心中は決して穏やかでないことは容易に想像できる。そのようなときにゼミの仲間からのサポートは大変心強いものとなる。常々学生に伝えていることは、就職活動を通じて得られるものは就職先だけではなく、いい意味でも悪い意味でも人の人間性や器の大きさを垣間見ることになる。そのような経験と共に就職活動は自分を人としてさらに成長させるチャンスでもあると。

5　早期離職の防止

近年、社会で大きな問題として提起されているのが若年者の早期離職問題である。日本経済研究センターの報告［２０１１］[6]によると、3年以内の早期離職率は3割に達し、そのことが学生、企業双方に多大なコストになっているということである。当該報告書によると、「問題の所在は、就業に関する認識ギャップが、「就職後」に顕在化することにある。学生側は多くの知識を有しないまま企業選択を行い、企業側もとことん内情を伝えることなく、潜在的な能力の高い学生の確保を優先する。こうした結果、新入社員は内定以降に自ら思い描いていた業務に従事できないケースが少なくなく、就職ギャップ発生の一因となっている。」というものである。この報告書は解決策として、「学生と企業の双方のギャップを解消するために『就業教育の推進』[7]と『複線型新卒採用制度の導入』[8]を掲げているが、実効性を挙げることは容易ではない」と指摘している。

確かに、この問題を解決することは容易ではないかもしれないが、とくに前者の『就業教育の推進』はゼミ教育の一環として提供することは可能である。また、学生のコミュニケーション能力の欠如に因るところも大きく、日頃から会社の先輩や上司との間で円滑なコミュニケーションが取られて

6　JCER 経済100葉箱２０１１年度番外編⑥を参照
http://www.jcer.or.jp/report/econ100/pdf/econ100bangai20110715.pdf
7　社会・企業を知らない学生に対し、就業意識の向上を目的として、就業教育の推進を強化すること
8　早期離職をすると、正社員での再就職が難しいという日本の労働市場の特徴を踏まえ、解雇規制の緩い契約社員としての採用を義務付けるなど、４項目からなる指針を示している

いれば、このようなギャップが表面化する前に解決の糸口を見つけることができるかもしれない。ゼミ教育の目標として掲げるコミュニケーション能力の向上は、学生の卒業後の早期離職を回避する一助になるものと考えている。

3　ゼミ教育の実践的手法

本章では、筆者がゼミで実施している内容やイベントについて紹介する。それらはＰＢＬでの課題（シナリオ）に相当するものである。ゼミによっては人数の関係で同様の取り組みが困難な場合も想定されるが、経験上おおよそ8名程度のゼミであれば概ね実施可能と考えている。むしろ、ゼミ生が仮に30名を超えるような場合においてはフリーライダーの問題[9]が懸念され、また、少人数教育の範疇からも逸脱していることから、期待した効果を得ることは難しいように思える。当ゼミの学生数は毎年約15名前後で推移しており、以下で紹介する取り組みもすべて15名前後で実施している。

ゼミの運営はゼミ生を募集する際の説明会から始まっている。当ゼミでは年間を通じて様々なゼミ行事（イベント）が予定されている。ＰＢＬの見地からはこのゼミ行事が課題（シナリオ）であり、学生に興味のある課題を提供することを意味している。もちろん、それらの行事に参加するためには費用が掛かる場合もある。東京や大阪などで実施される際は交通費や宿泊代等、相応の負担は避けることができない。したがって、ゼミの説明会においては実施予定のゼミ行事をすべて丁寧に説明し、掛かる費用負担についても説明することは不可欠である。予め実施時期も含めて説明することで、学生は計画的にアルバイト等の予定を立てることができる。学生にとって重要なのは、その費用に見合う便益を得られるかどうかであり、一連のゼミ行事を実施することによってどのような効果が得られるかをしっかりと説明することが大事である。説明会において予めゼミ行事について説明しておくと、その行事に参加することを目的にゼミを志望する学生、すなわち課題（シナリオ）の実施に興味があるものが集まり、その後のゼミ運営もスムーズに行うことができる。

1　日頃のゼミの取り組み

これは大学の他のゼミとも概ね共通しているかと思われるが、当ゼミでは主に3年次前半を中心に実施している。教員の専門分野に関連する文献について、各自報告する箇所を指定し、輪読する形式である。予め決められた順番によって回ってくる報告者は、担当部分について書かれてあることを他のゼミ生の前で報告する。その際は報告に沿ったレジュメとプレゼン用のパワーポイントを準備する

9　経済学では対価を支払うことなしに便益を得ることを指すが、ここではゼミで与えられた課題等について自ら取り組むことなく他のゼミ生に依存するなど、勉学上の負担を免れたまま様々なゼミ行事に参加することを想定している

ことを課している。輪読する文献は、学生の知識レベルとその進捗状況に合わせて教員が選択し、基本的には基礎的な文献からスタートし、順次より専門的な文献へと読み進めていき、夏休みに実施されるゼミ合宿の際には、本格的な専門書について報告することになる。

筆者が初回のゼミで必ず学生に伝えることがある。以下ではそのいくつかを紹介する。

①自分の報告の際には、「とうとう報告が回ってきた……」、「順番でせざるを得ないから……」というような消極的で後ろ向きな捉え方をしないこと。教員を含め他の学生もわざわざ自らの時間を割いて自分の報告を聞いてもらっているという意識をもって報告して欲しい。そのように考えることで自分の報告を相手に出来るだけ分かり易くしようという気持ちや、時間を割いてもらっているのに下手な報告は出来ないという気持ちが芽生えることになる。

②自分の報告は、自分の技量を試す最良の機会である。しっかりと事前準備がなされた報告には自ずとその跡が伺えるもので、それは必ず他の学生にも伝わる。時に自分の報告が手本となり、時に人の報告には負けたくないという気持ちも湧いてくる。それがゼミ生同士の切磋琢磨に繋がる。

③基本的にテキストを見ずに報告をし、常に他のゼミ生達の顔を見ながら報告をする。報告者がテキストを見たまま下を向いて報告を行うと、聞いている側も下を向くようになる。テキストを見ないで報告するためには、それ相当の準備が必要になる。人に何かを伝えたければ、しっかりとその

人の顔を見て話すのが基本であり、そうすることで本人のプレゼン能力も高まる。

④最後に、報告者以外の者には、報告者を放置しない。報告者に対して良い点、悪い点をしっかりと伝えてあげる。それが人の報告によく耳を傾けることになり、自らの評価能力を高めることに繋がる。それが延《ひ》いては自分のプレゼン力に反映される。

このように当ゼミではゼミ生に報告に対する一定の姿勢を保ち、各ゼミ生が自分の個々の力を存分に発揮できる環境を作ることを心がけている。十分な事前準備がなされ、人に言いたいことがしっかりと伝わるいい報告に対してはそう評価し、逆に不十分な報告に対してはいわゆるダメ出しをし、やり直しの機会を与える。再度やり直した際の報告が以前より改善していれば、改善した部分を伝え評価する。ゼミの中では人の報告の良い所も悪い所も全員で共有することがゼミの一体感や連帯感の醸成に繋がると考えている。

2　課題1：合同ゼミ

夏休みの例年9月に他大学との合同ゼミを実施している。以下、2015年9月に実施された合同ゼミについて紹介する。

〈合同ゼミ参加大学〉

当ゼミの他、神戸学院大学経済学部岡部ゼミ、東洋大学経営学部川崎ゼミ、総勢48名。

〈合同ゼミ開催場所と日程〉

国立オリンピック記念青少年総合センター（東京都渋谷区代々木）

２０１５年９月24～26日

グループ分け後のディスカッション

〈合同ゼミ実施内容　1日目〉

午後に国立オリンピック記念青少年総合センターに集合した学生達は、何の事前予告も準備もなく、1チーム4～5名の3ゼミ混成のチームに分けられた。したがって、同じゼミからは多くても2名、全部で11のグループが作られた。その後、教員から政治・経済・社会問題に関するテーマを与えられ、

ナイトセッション

井坂衆議院議員との意見交換

出会ったばかりの他大学の学生とグループでディスカッションを行い、グループごとに今後の日本にとって必要な課題や法案にしたいテーマ等について考え、各グループがそれについて報告を行い、それぞれのグループが決めた自分たちの法案にしたい政策を携え国会に向かった。

国会では議事堂内を見学した後、衆議院第一議員会館に赴き、第一会議場で井坂信彦衆議院議員（当時：維新の党政務調査会長）と面会、そこで自分たちの主張を盛り込んだ政策案を各グループが発表し意見交換を行った。その後、井坂議員と学生達とで活発な議論を交え、日本の将来についてそれぞれが真剣に考える機会を得ることになった。議員から向けられた学生たちへの熱いメッセージは、学生一人ひとりの心に届いたと思われる。

その後、オリンピックセンターに戻り3ゼミ混成の11チームには、日本を揺るがす3つのテーマ：「原発問題」、「TPP」、「安全保障政策」に分かれて議論する場を設けた。このナイトセッションで学生たちは翌日の最終報告会と次の議員訪問に備え、夜遅くまで議論し、プレゼンテーションの準備を進めていた。

菅直人元総理との質疑応答

各グループによる発表

〈合同ゼミ実施内容　2日目〉

昨晩のナイトセッションにおいて、3ゼミ混成の11チームが「原発問題」、「TPP」、「安全保障政策」に分かれて議論したのに続き、この日の午前中は、「原発問題」4チーム、「TPP」4チーム、「安全保障政策」3チームでプレゼンテーションを作成、最終報告をしてもらった。その中から5チームを学生の投票によって選出し、午後から再び国会を訪れた。

衆議院第一議員会館に菅直人元総理大臣を訪ね、　午前中の最終報告会で好評だった5チームに菅元首相を前にグループワークの成果をプレゼンテーションしてもらい、学生チームが取り組んだテーマについて菅元首相と議論を重ね、その後、菅元首相から「3・11東日本大震災と原発事故」についての講演を拝聴した。震災当日の首相官邸の様子や福島第一原子力発電所の事故対応など、当時震災対応の最高責任者であった元総理大臣の生々しい経験について話を聞くことで、学生たちは改めてあの震災の凄まじさと我々が学ぶべき教訓の大きさを感じたことと思われる。

菅元総理の講演

菅元総理へのグループ発表

〈合同ゼミ　総評〉

この合同ゼミのメインイベントは、各グループが議論を重ねた末に作り上げたプレゼンを携えて国会議員を訪ね、自分たちの主張を直接聞いてもらい、その場で議論するという大胆な企画であった。見知らぬ同学年の学生が集まり、グループを作り、共同作業を行う。グループ内には1人か2人しか同ゼミ出身者はいないため、フリーライダーになることはできず、ゼミを代表しているという意識から真剣に取り組まざるを得ない状況であった。

今回の合同ゼミでの工夫は、日頃パソコンやスマートフォンに接する機会が多い学生に対し、敢えてスマートフォンの使用を制限したことである。基本的には与えられたテーマについて各自が既に持っている知識を出し合い、その後、確認のために10分程度のスマートフォンの使用を許可し、その後またそれぞれが議論を進めるという形式を複数回行った。また、学生が利用できるパソコンは準備されていなかったのでプレゼンソフトは使えず、スライドの代わりに4枚の画用紙とマジックペンを配布し、各グループがそれぞれ工夫を凝らした手書きのスライドを作成、プレゼンテーションの補助道具とした。教員の狙いは、いずれ学生たちが直面する就職活動でのグループディスカッションに対応できる能力と技術の育成、もちろん、企業との面接においてはスマートフォンを使用することはできないため、デジタルディバイスに頼らない議論の構築と発表を試みたものである。

今回、井坂信彦議員や菅直人元総理大臣といった、普段なかなか会うことのできない方々と議論ができたばかりでなく、見知らぬ他大学の学生とチームを作り、限られた短い時間の中で、一つの目標に向かって協力して物事を作り上げたことの達成感はとても大きかったようである。参加者した学生全員にとって大変貴重な経験になったように思われる。

少人数教育を可能にするゼミであるからこそ、フットワークを軽くし、時には大学の教室から抜け出し、いろいろなところに出掛け、様々な人々と議論し交流することで、多くの発見や学びのチャンスを得ることができる。このことが大学のゼミで学ぶ大きな魅力の一つであると再認識できる機会であった。

3　課題2：ゼミ合宿

当ゼミでは毎年夏休み期間中にゼミ合宿を実施している。合宿先や日程はゼミ生が決め、合宿地への移動手段から宿の手配まですべてが学生に委ねられている。自分たちのゼミは自分たちで作り上げるというのがゼミのモットーである。これまで、大分、熊本、鹿児島、福岡という九州圏内から、遠くは沖縄、神奈川まで足を延ばし実施してきた。

ゼミ合宿は少なくとも2泊3日の日程で組み立てられ、前半は日頃大学の教室で行っているのと同様、指定されたテキストについて各自がレジュメとパソコンを使い発表する。教室内でのゼミでは毎回1~2名の発表を行っているが、合宿では15名全員が各自担当する部分の発表を行い、質疑応答をこなしていく。朝から始めて全員の発表が終わる頃には既に夜も更けていることも多々ある。合宿の後半はゼミの次の大きなイベントである対抗ゼミに向けた進捗状況についての発表である。

詳細については後述するが、対抗ゼミとは毎年12月初旬に開催され、現在では5大学6ゼミで実施される学外ディベート大会である。ディベートのテーマは各大学が希望するテーマを前期の6月頃に持ち寄り、テーマの擦り合わせを行った上で、討論テーマと討論相手を7月初旬に決定する。したがって、ゼミ合宿においては討論テーマに対して、何が論点となり、如何なるところが問題点として議論されるのかということについて、夏休み中に各自が入念に調べることを課題として課し、合宿当日に調べてきた成果を発表してもらうことになっている。ゼミ生たちは複数のテーマについてグループ分けを行い、各自希望するテーマのグループに所属し、自分たちで役割分担をして各々調べてくることになる。

稀に学生や他の先生方からゼミ合宿はある種のリクリエーションのようなイベントと誤解されることがあるが、当ゼミで実施しているゼミ合宿に遊びの要素は全くなく、基本的に朝から晩まで緊張感を持って勉強に励み、活発に議論している。まるで体育会系運動部の合宿のようである。だからこそ、合宿も後半になってくると学生の疲労感もピークに達し、本当に疲労困憊しているように感じるが、最終日の最後の報告が終了したときの達成感は非常に大きく、学生の顔一面に安堵感と自分たちは成し遂げたという自信に満ち溢れた笑顔を見ることになる。

ゼミ合宿を実施することで得られるものは、長時間にわたる集中的な勉強への取り組みによって得られる学力、知識、忍耐力。さらに、充実感、達成感、学生同士の価値観の共有など、計り知れないものがある。すべてのゼミ生が寝食を共にし、課された課題に対しては準備段階から各自が協力しながら研究を進め、議論を重ねていくことから、ゼミ生同士がより強い連帯感と協調性を手に入れ、ゼミとしての結束がひと際強固になる。この結びつきの強さは、日頃の大学で行われるゼミだけでは決して得ることのできない貴重なものだと実感している。このようなゼミ合宿を終え後期タームが始まると、ゼミでは対抗ゼミに向けた準備が本格的に始動することになる。

4　課題3：対抗ゼミ

正式には「学外対抗ゼミナール」と呼ばれる他大学の学生とのディベート大会である。この対抗ゼミに現在参加している大学は、長崎大学経済学部須斎ゼミ、関西大学商学部高屋ゼミ、関西大学経済学部土居ゼミ、同志社大学商学部五百旗頭ゼミ、名古屋市立大学経済学部稲垣ゼミと当ゼミの5大学6ゼミである。各ゼミからは最低でも2チームがエントリーされ、毎年約80～100名の学生が参加し、活発な議論が交わされる。ここでは2015年12月に行われた対抗ゼミを事例にその内容について紹介する。

対抗ゼミに向けた最初の準備は3年次前期のゼミにおいて討論テーマを決めるところから始まる。4月のゼミスタート時点で各自が興味のあるテーマを考えておくことを指示し、5月末頃にそれぞれが興味のあるテーマを1~2テーマ出すと、全部で20以上のテーマが集まる。その後、数週間を掛け、最終的に学生が討論をしたいと思うテーマを2つに絞る。

各大学のゼミから希望のテーマが6月末を目途に集計され、それぞれ重なるテーマがないかマッチングを行う。マッチングの結果、それぞれ同じテーマを出したゼミがあれば、それらがそのまま当日の討論相手となる。実際は上手くマッチングするケースもあるが、マッチングしないことも多い。その場合は、各ゼミから基本的に2つ出されるテーマの内、少なくとも1つは希望のテーマについて討論することが認められ、もう1つのテーマについては他大学のゼミから出されたテーマを受け入れることになっている。当ゼミの場合は3チームがエントリーし、最終的には「TPP参加への是非」、「円高と円安、どちらが日本経済にとって望ましいか」、「日本はカジノ合法化をするべきか否か」の3つのテーマで討論することになった。

7月初旬には討論テーマと討論相手が決まるが、どちらの立場で議論するかは10月頃に各ゼミでの話し合いを通じて決定される。当ゼミでは先述したように夏のゼミ合宿においてテーマについての論点や問題点を議論することから、その議論を通じて自分たちがどちらの立場がいいかを選択し、10月以降に相手チームと相談して決めている。

10月以降の後期のゼミでは、毎回この対抗ゼミについて各チームの進捗状況を報告することになる。夏合宿に向けての課題として、それぞれのテーマのメリット・デメリットを分けて調べることを予め指示することで、合宿当日はメリット班とデメリット班がそれぞれ調べてきたことを報告することになる。この班分けが、後々討論の立場が決まった際のオフェンスとディフェンスの役割を担うことになる。ゼミでの進捗状況の報告も基本的にこの班単位で行われる。

11月に入ると、討論をするに当たってのストーリー作りが始まる。要はどのような攻め方をするかの作戦を練っていくのである。並行して、相手側への質問やこちらに向けられると予想される質問をできるだけ数多く考え、その答えも用意しておく。11月末には各チームでレジュメを作成し、それを相手チームと交換し、相手から受け取ったレジュメについて詳細に分析するという作業を行う。対抗ゼミが近づいてくると、当ゼミ所属の学生たちはほぼ毎日のように図書館や情報処理室に集まり、各自がそれぞれ調べてきたことについての情報交換、レジュメや資料の作成、当日発表用のプレゼン準備などをしている姿が見られるようになる。もちろん作業は学外でも続けられ、チームのメンバーがそれぞれの下宿やファミレスに集まり、同様の作業をしていることも多々ある。実は、ゼミの教育効果としてこの学生たちの自主的な集まりが非常に大きいと考えている。夏合宿で培った協調性や結びつきの強さがこの自主的な集まりに活かされ、自主性やリーダーシップなどの各自が持つ個性が磨かれ、主体性、実行力、傾聴力、課題発見力、さらには規律性、発信力、柔軟性、計画力、他すべての社会人基礎力に挙げられる12の能力要素を身に着けることになる。

例年12月の第1週目の週末に開催される対抗ゼミでは、ゼミ生達がそれまで真剣に取り組んできた成果が発揮される。フロアーにいる他の多くの学生たちを前にして、各自が調べてきた論点を、自分たちで作り上げたストーリーに基づき、積極的に論理展開していく。その姿は4月のゼミスタート時点の学生と同じ学生とは思えない、凛々しく、自信に満ち溢れ、眩しいくらいの輝きを放つ。人はこれ程までに成長できるものなのかと本当に実感する。もちろん、ディベートが競技である以上最終的には勝敗がつけられる。この時の戦績は2勝1敗であった。学生たちにとっては勝敗が大変気になるらしく、始まる前から「やるからには勝ちたい」という気持ちが大きいようである。しかし、ゼミを指導する教員としては、勝ち負けは大きな問題ではなく、ゼミ教育としての成果は勝ち負け以前に十分上がっているのである。もちろん、当日のディベートの経験は学生にとってはなかなか得ることのできない大変貴重なものである。

周知の通り、ディベートは自らの考えを客観的な資料やデータを用いつつ論理的に、かつ説得的に相手に伝え、自分たちの議論の優位性を相手に理解してもらうことを目指した知的ゲーム（競技）である。ディベートによって得られる効果は以下のようなものが挙げられる。[10]

1　問題意識を持つようになる。
2　自分の意見を持つようになる。

10　ウィキペディア「ディベート」から引用

ディベートの様子①

ディベートの様子②

3　情報を選択し、整理する能力が身に付く。
4　論理的にものを考えるようになる。
5　相手（他人）の立場に立って考えることができるようになる。
6　幅広いものの考え方、見方をするようになる。
7　他者の発言を注意深く聞くようになる。
8　話す能力が向上する。
9　相手の発言にすばやく対応する能力が身に付く。
10　主体的な行動力が身に付く。
11　協調性を養うことができる。

対抗ゼミは、学生に対して決して学内だけでは得ることができない、知識と経験、これまで指摘してきた効果をもたらしてくれる。学生のコミュニケーション能力の向上は目を見張るほどであり、少人数教育としてのゼミの教育効果は絶大である。また、学生は他大学の学生たちと接することで、同年代には優秀な学生が他にも沢山いることに気付く。それがその後の就職活動では彼らと同じステージで勝負しなければならないことを認識させ、就職活動への意気込

参加者集合写真

みを高めることにも繋がる。余談であるが、対抗ゼミ終了後は恒例の親睦会が開かれ、共に議論した他大学の仲間たち全員と思う存分盛り上がることになる。100名規模の飲み会の光景は想像を絶する。

当ゼミでは上記に述べたような3つの課題（イベント）を提供し、少人数教育としてのゼミの教育効果を高める試みを行っている。これらのイベントの成功の可否は、学生たちが自らの考えで実行しようという意思を持ち、行動し、協力しながら進めていくことに尽きる。教員は共通の目的をもった学生たちが皆同じ方向を向き続けるためのサポートをするだけである。

5 PDCAサイクルから見たゼミ教育

「合同ゼミ」、「ゼミ合宿」、「対抗ゼミ」と当ゼミで実施しているPBLに基づくゼミ教育の実践的手法を「PDCAサイクル」の考えに沿って改めて考察してみる。

先ずはそれぞれのイベント自体のプラン（P：plan 計画）を立てるのは当然ながら教員の仕事である。ただし、各々のイベントの中身に関するプランの作成は基本的に学生自身に委ねられている。自分たちで計画したプランに沿って準備を進め、満足のいくイベントの実施に努めることになる。

実際のイベントの実施について（D：do 実行）、学生たちは自ら入念な調査、分析、検討、議論を経て当日の発表やディベートに挑むことになる。イベントを通じて様々な教育効果を得て、それらを自らの知識や知見、経験として積み重ねていく。とくに、各イベントによって得られるコミュニケーション能力の向上は、その後の就職活動や社会生活において大いに役立つものとなる。

ゼミではイベント終了後に必ず振り返りの機会（C：check 評価）を設けている。自分たちがどのように計画を立て、準備を進め、当日のイベントではどのような経験をしたかをしっかりと記憶に留めるためにも大変重要である。その際には教員による詳細な評価を加えることにしている。準備段階から当日のイベントへの取り組み方など、学生たちの行動に対する外部から見た評価を加えることで、自分たちの経験に客観的な成果を加えることができる。それによりゼミ教育の全体的な効果を認識することができる。

また、振り返りの機会に必ず学生に伝えることがある。それは、ゼミで経験したことを順序立てて記憶に留めると同時に、それら一つひとつの経験が自分自身の今後の武器になり、ある種の鎧を被ることに繋がると。ゼミにおける学生自身の様々な経験が材料となり、その材料を使って自分で起承転結のあるストーリーを組み立て、それを人に明確に伝えられるように準備することを伝えている。もちろん、期限は就職活動が始まるまでにと定めている。

学生には再度行動（A：act 改善）を起こしてもらう。それはイベントによって得られた経験に基づき、自分に合った形に改善した上でまた新たな課題に向けて行動することである。目先では言うまでもなく就職活動であり、自らのストーリーをしっかりと伝え、自分が満足のいく就職先から内定をもらうことに繋げる。もっと長い目で見れば社会人として仕事に、人生に学生時代の経験を活かしてもらうことである。

4　ゼミ教育の効果

1　有意義な学生生活の実現

ゼミは学生生活においてサークルや部活動と比較しても引けを取らない、場合によってはそれを遥かに上回るほど重要な位置づけになるものである。学生生活を有意義で充実したものにするためにもゼミの活動は重要である。

学生時代に何かに打ち込むことは学生生活を豊かにし、ゼミを通じて多くの友人を得ることもできる。ゼミの友人が生涯の友となることも少なくない。ゼミで共に汗を流し、共通の価値観を育て、共通の経験を得ることを通じて自らの学生時代をより有意義なものにできると考えている。

現在の多くの学生が最終的な目標として、自分が満足のいく就職先を獲得することを挙げる。そのためには学生生活をどのように過ごしてきたのか、何に一生懸命打ち込んできたのか、自分の経験を存分にアピールしなければ採用には繋がらない。人を見る確かな目を持つ企業の人事担当者は、その学生がアピールすることに対してそれがどれ程信憑性のあるものかを見極めた上で採用の可否を決定する。自分の経験をストーリーにして確実に相手に伝える材料がゼミ教育の中に詰まっている。

2　社会人として必要な資質の習得

本稿において繰り返し指摘してきたことが社会人基礎力の育成とコミュニケーション能力の習得である。卒業後、社会人として大いに活躍するための資質をゼミ教育を通じて育成することができる。ゼミでの取り組みを通じて獲得できる社会人基礎力は、本人が健全な社会生活を送る上で不可欠であり、その基礎力をベースにより専門性を高め、自らの活躍の場を広げていくことが重要である。もちろん、そのためにはコミュニケーション能力が備わっていることが大事なのは言うまでもない。

コミュニケーション能力が早期離職の防止になることは第二章においても指摘した。近年、若年労働者の早期離職が社会で問題視されている。その原因は「就職ギャップ」の存在が大きいとされているが、このギャップを埋めるためにもコミュニケーション能力は重要である。残念ながら、この能力は自らが積極的に行動しないと身につくものではない。まして活字を読むことだけで得られるものでは到底ない。コミュニケーション能力を習得する方法を記したノウハウ本を参考にすることはできるが、それを実行に移し、実践を積まなければ習得することはできないのである。ゼミ教育はその実践の場を提供するものであり、自らが積極的にゼミ活動に参加することが社会人として必要な資質を手に入れることに繋がる。

3　社会におけるゼミネットワークの構築

当ゼミではこれまでに200名以上の卒業生を輩出している。それらの卒業生には今もなお定期的に集まる機会を設けている。いわゆるゼミの同窓会である。基本的に夏季オリンピックの開催される年に合わせて同窓会を開催してきたが、卒業生からの「一度欠席すると次は8年後になる。もう少し短いスパンで……」という強い要望に応え、現在は冬季オリンピックも含めて開催している。もちろん、参加は自由であるが多いときには100名を優に超えるゼミの卒業生が集まり、二次会、三次会になってもあまり人数が減ることなしに毎回盛大な盛り上がりを見せる会となっている。現役時代から縦の繋がりを大事にしようと、年に一度、2年～4年生のゼミ生全員が参加する親睦会を毎年開催している関係で、自分の上下2学年のゼミ生とはどこかで会っている。その記憶を糧にあちらこちらで盛り上がっている。今では同じ会社の先輩・後輩となっている卒業生も少なくない。

同窓会を開催する最大の理由は、社会の様々な分野で活躍する卒業生たちの人的ネットワークを構築するためである。社会人として活躍する卒業生たちにゼミのネットワークを活用してもらい、少しでも仕事に活かしてもらえればと考えている。また、同窓会には現役4年生も参加できることにしており、社会人になることに対する教示を諸先輩方から受け取ってもらいたいと考えている。

本稿で紹介したゼミの取り組みは、卒業生の全員が必ず経験している。初めて会う先輩・後輩でも共通の話題があり、「対抗ゼミでは勝ったか、負けたか?」、「ゼミ合宿はどこに行った?」、「報告のやり直しをさせられた同じ仲間はいるか?」など、飛び交う話題には事欠かない。それも当ゼミの伝統が脈々と受け継がれてきているからだと考えている。ゼミでの経験が本人たちの社会生活に少しでも活かされ、ときに華を添えているとすれば大変嬉しいことである。

5　おわりに

本稿では、少人数教育としてのゼミ教育について、PBLに基づく実践的手法を用いた教育効果について考察してきた。社会のニーズに合った学生への教育、人材育成はこれからも大学教育における重要な課題である。どのような人材教育を提供するかに当たり、「社会人基礎力」と「コミュニケーション能力」の習得を重要な目的と考え、ゼミ教育の具体的な実践的手法を紹介してきた。

ゼミで設定された課題（シナリオ）に対し、学生が主体となって学習に取り組んでいくことで、知識と知見、そして経験を積むことができる。それらを材料として、自らが学生時代に成し遂げてきたことをストーリー化し、それを用いて就職活動をはじめ、今後の社会生活に活かしていく。

ゼミ教育は多くの可能性を秘めている。学生生活をより有意義で豊かなものにすることはもとより、社会人として必要な個人の資質を習得することができる。ときには同窓会も含めゼミで培った人的ネットワークの活用により、仕事や社会生活をより充実したものにできるかもしれない。ゼミ教育には、工夫次第でまだまだ多くの教育効果を生み出すことが可能だと考えており、そのための更なるイベントや手法の開拓は今後の重要な課題である。

大学から輩出された卒業生たちが、大学で得た教育の成果を携え、それぞれの社会で活躍し、社会貢献を果たすことになれば、大学も社会に対してその職責を果たすことになる。大学教育において人材教育の要となるのはゼミ教育であり、その重要性は計り知れない程大きいと思われる。

参考文献

池西静江「PBLテューター養成の実際　テューターズガイド作成を中心に」、『看護教育』2009、50(12)、1072―1077頁

河合塾編『アクティブ・ラーニングでなぜ学生が成長するのか―経済系・工学系の全国大学調査からみえてきたこと』、東信堂、2011

河合塾編『「深い学び」につながるアクティブ・ラーニング全国大学の学科調査報告とカリキュラム設計の課題―』、東信堂、2013

経済産業省『社会人基礎力　育成の手引き―日本の将来を託す若者を育てるために』、河合塾、2010

経済産業省『「社会人基礎力を育成する授業30選」実践事例集』、2014

下島康史『観光ホスピタリティ教育におけるＰＢＬの可能性』、くんぷる、２０１４

時本圭子「ＰＢＬ教育を導入した成果と展望　倉敷中央看護専門学校の実践」、『看護教育』２００９、50（12）、１０８２—１０８６頁

三重大学『ＰＢＬのススメ』、三重大学高等教育創造開発センター、２００８、http://www.hedc.mie-u.ac.jp/pdf/student_guide.pdf

山田和人「同志社大学のＰＢＬ　プロジェクト学習とポートフォリオ（１）」、『文部科学教育通信』、２００９ａ、227、24—26頁

山田和人「同志社大学のＰＢＬ　プロジェクト学習とポートフォリオ（２）」、『文部科学教育通信』、２００９ｂ、228、22—24頁

山田和人「同志社大学のＰＢＬ　プロジェクト学習とポートフォリオ（３）」、『文部科学教育通信』、２００９ａ、229、26—28頁

JCER「経済100葉箱２０１１年度番外編⑥」、２０１１
http://www.jcer.or.jp/report/econ100/pdf/econ100bangai20110715.pdf

教養の必要性

―求められる教養のこれまでとこれから―

谷澤　毅

はしがき

よりよく生きようとするのであれば、教養は欠かせない。しかし、必要とされる教養の中身に関しては様々な見方・考え方が存在する。かねてより、新しい教養を模索する動きが始まっているとしても、それがどのようなものか、共通見解はなおも見出されていないようである。以下では、筆者の経験や最近の大学教育をめぐる議論を踏まえ、先行研究の成果に依拠しながら教養に関して若干の考察を施してみたい。現代の教養教育に盛り込まれるべき内容はどのようなものであるべきか。このような問題に対するはっきりとした答が以下で示されているわけではないが、本章を通じて地方大学での教養教育に盛り込まれるべき内容を考えていく際の、若干の指針のようなものが提示できればと考えている。

1　いまの学生が思い描く教養人

「教養」という言葉を耳にして思い描かれる内容は、どのようなものであろうか。例えば、教養を身につけた人とはどのような人を指すのかと学生に問えば、ありきたりなところでは、知識が豊富な人、本をよく読む人、話しが上手な人、語彙の豊富な人、などの答えが返ってくるのではなかろうか。おそらくは、古い世代が考えている以上に教養の幅を広く捉えているのではあるまいか。

そのような見通しを得たうえで、筆者は講義の中で受講生に小レポートを課した際に、教養人について各自が抱いているイメージについても、合わせて書いてもらうよう要請したことがあった。教養を身につけた人とはどのような人のことをいうか、各自の考えを書いてもらったのである（2016年2月1日）。さらにこれに、ゼミ生（2～4年生）から寄せられた同じ問いに対する回答と合わせ、得られた回答は合計85、自由記述による回答なので集計結果を厳密に数値化することはできないが、まずはその回答のおおよその傾向や内容について、大まかな集計結果を含めて紹介してみたい。なお、自由記述ゆえに各学生が思い描く教養人の要件は、箇条書きなどにより複数挙げられている場合が多い。それゆえ、一人の回答が複数回カウントされることもあり、回答数の合計は回答者の85名を上回っている。

さて、教養人の要件として最も多くの受講生が挙げたのは、予想にたがわず、やはり知識が豊富であるというもので、35名がこの点を重視していた。博学であることは、いまの学生にとっても教養人としての大切な要件なのであろう。知識が豊富であることにより、「それらを応用できる」、「生活を豊かにすることができる」などの回答があった。しかし、読書を重視する学生は思いのほか少ない。「本を多く読んでいる」など、読書の多さを教養人の要件としている受講生はわずか9名にとどまり、全体の10%ほどでしかない。学生の読書離れが取りざたされるようになってだいぶ経つが、学生が思い描く教養のイメージにも、読書離れは影響を与えているのかもしれない。一方でまた、予想通りに多かった回答として、「向学心がある」、「学ぶ姿勢がある」、「理解力がある」、「頭がいい」など、向学心や理解力に注目するものも目立ったが、文章表現が様ざまであるので集計はされていない。もし、的確な選択肢を設けて集計を試みれば、はっきりとした傾向がわかったかもしれない。

これらの要件は、かねてより教養人が具えているべきと想定されてきた素養と見てよいであろう。一方で、現在の学生は教養の有無を実践的な側面から推し量ろうとする傾向があることも見えてきた。マナーやコミュニケーション力など、対人関係において重要と思われる素養を重視する受講生が25名(約30%)もいたのである。学生自身の表現を用いれば、「マナー・礼儀を踏まえている」、「コミュニケーション力にたけている」などとなるが、ほかにも「他人への配慮がある」、「知識をひけらかさない」、さらには「あいさつができる」といった要件を挙げる学生も、ここにカウントしている。あいさつができるできないなど、マナーや常識さえもが教養の一環として捉えられており、教養というものがかなり広く考えられていることがわかる。ちなみに、「常識を身につけた人」、「一般常識がある人」

など、常識それ自体を教養人の要件としている受講生は10名に達した。自分の意見を持っていない学生が多いからであろうか、「しっかりとした意見を持っている」、「信念がある」など自分の意見の有無に注目している受講生も11名見出すことができた。

これらは、いずれも社会人としての素養と言い換えることもできるであろうが、この社会人としての適不適をそのまま教養人の要件として挙げる受講生も3名いた。学生自身の表現を用いれば、「社会人としてうまくやっていける」、「社会に出て使える人材」、「ビジネスで成功した人」となる。実践力・即戦力を重視する教育の効果であろうか、社会で通用する「使える人材」であることも、教養人の要件に含められているのである。

わずかであるが、歴史的な知識を重視する受講生が3名存在した。ただし、これはアンケートを実施した授業が「流通史」という歴史系の講義課目なので、この点が影響していると考えることもできる。興味深いのは、3名のうち2名は中国からの留学生で、そのうちの一人は、教養人について「物事を歴史上の人物や出来事にたとえて説明することができる人」と回答している。歴史が持つ重みは、中国と日本とでは異なるであろうから、同じ質問を中国人の学生集団に投げかければ、歴史を重視する回答がもっと多く得られたのではないかと思われる。

ほかにも、受講生が思い描く教養人としてどのような回答があったか、以下に幾つか挙げておけば、教養人とは、「感情に流されない」、「がまん強い人」、「余裕を持って物事を考えたり、心づかいができる」、「様々な考え方を受け入れることができる」、「授業中うるさくしたりスマホを使ったりしない人」

などである。芸術や古典などを挙げた学生は一人も見受けられなかったが、一人だけ教養のある人とは「文化人である」と回答した受講生がいた。

以上は、日本の西端に位置する公立大学の経済系の学生80名余りから得られた教養人に関するイメージの大まかな集計の結果である。概していえば、教養というものが、ある程度は予想していたとはいえ、筆者が考えていた以上に幅広く捉えられていることがわかった。一般常識や対人関係上のノウハウなど、伝統的な「格調高い」教養世界では特段重視されてこなかった社会人としての常識のようなものが教養の要件として考えられているからである（ただし、日本を含めかつて東洋で儒学が重視された頃は、他人への思いやりやマナーは教養人として必須の要件であったと思われるが、ここでは扱わない）。さらに言えば、いまどきの学生が思い描く教養の中身は、ひと頃の重厚ともいえるその内実と比べれば、やはり「軽い」との印象を受けてしまう。しかし、これはいたしかたないことなのであろう。確かに知識の多さ、それに加えて読書も、挙げた学生の数は多くはないとはいえ、教養を形づくる要素として認められてはいるようである。しかし他方で、古典や芸術はおろか、文学や哲学、思想など、これまで教養という言葉とともに頻繁に登場してきたキーワードともいうべき人文諸学は、まったく挙がってきていない。ひと頃までの「重い」教養と比べれば、実践的な要素が重視されており、芸術や文化への憧れのようなものは、ほとんど感じられない。むしろ、「教養の世俗化」のようなものがうかがえるのである。

ところで、このアンケートを実施する前、学生からは教養人に対する反感のようなものも見て取れるのではないかと想定していた。例えば、教養人というのは「お高くとまっている」、「近づきがたい」、「とっつきにくい」、さらには「ダサい」といった意見が聞かれるのではないかと予想していたのである。なぜなら、教養を重視する教養主義は、万巻の書物を通じて教養を詰め込む蓄積を重視する。それゆえ、「教養主義を内面化し、継承戦略をとればとるほど、より教養をつんだ者から行使される教養は、劣位感や未達成感、つまり跪拝をもたらす象徴的暴力として作用する」、ひざまづくことを要求するからである。[1]

しかし、今回の受講生の回答からは教養人に関するマイナスイメージはうかがえず、教養やそれを形づくる芸術や文化、古典、読書、学ぶ意欲などに対する否定的な意見や反感などといったものは、全く見受けられなかった。むろん、これは学生がこのような教養世界になじみ親しんできたからというのではあるまい。むしろ逆に、普段からこのような世界にはなじみがなく、疎遠であるがゆえに、教養という言葉とともにその王道をなしてきたハイブラウな世界を思い描くことができないということが、理由として挙げられるのではないだろうか。

もう10年以上も前となるが、かつて刊行されていた若者向けの情報誌『ダカーポ』で「いまどきの「教養」の条件」という特集が組まれ、「はたして「教養人」といわれることはホメ言葉か?」という少々挑発的な疑問が投げかけられたことがあった。[2] 各ページの見出しやイラストなどからは、教養を

1 竹内洋『教養主義の没落——変わりゆくエリート学生文化』中公新書、2003、54—55頁
2 『ダカーポ』、2005年9月21日、568号

揶揄する雰囲気もうかがえたとはいえ、内容は「いまどきの教養」に関するまっとうな解説を盛り込んだものであった。当時も教養の世俗化はかなり進んでいたとはいえ、まだこのような挑発が成り立つくらい一般の人々にとって、教養人とは憧れが転じて反感を抱いてしまうほど高みにある、しかし今よりは身近な世界だったのであろう。だが、現在、このような挑発を通じて逆説的なところから学生に教養に関心を持たせることは可能であろうか。少なくとも、今回回答を寄せてくれた学生のように、マナーや一般常識さえも含めて教養を広く理解している若者に対しては、このような挑発は恐らくは成り立ちそうもない。教養の幅が広がり、そのぶん水増しされて世俗化が進み、教養の意味合いが変わってきてしまったと考えられるのである。

2　人文社会系をめぐる最近の議論

最近にいたるまで、我が国で教養という言葉とともにイメージされる世界といえば、西洋の思想や歴史、文学、芸術である場合が多かった。とりわけ、旧制高校をおもな舞台とした、いわゆる「大正教養主義」でこれらの世界は重視され、古き良き時代としてこのような人文学的な教養が重視された当時を懐かしむ声は、最近までよく聞かれた。筒井清忠によれば、旧制高校生文化としての教養主義の傾向は、敗戦（第二次世界大戦）によっても変化せずに新制大学教養部と新制高校の学生・生徒に受け継がれ、昭和40年代に至るまで日本の青年学生文化の主潮流として機能し続けたという。[3]

最近まで続いたとされるこの知の伝統は、一見すると、現代とは無縁の非実学的な浮世離れした世界として受け取られてしまうかもしれない。しかし、実学重視の昨今の風潮のもと、この人文主義的な知の伝統を昔の非実学的な役立たずの教養だとして否定してしまうことも、あまりにももったいない気がする。[4] むろん、大正教養主義的な人文学的教養が今もそのまま通用するというわけではないが、この人文学的な知が持つ可能性は、最近の国立大学人文系学部の存廃をめぐる議論を通じて改めて光が当てられ、盛んに話題として取り上げられるようになった。

周知のように、文部科学省は2015年6月8日付けの文部科学大臣名の通知『国立大学法人等の組織及び業務全般の見直しについて』で、「組織の廃止や社会的要請の高い分野への転換」も含む教員

3　筒井清忠『日本型「教養」の運命――歴史社会学的考察』岩波書店、1995、75頁

4　北杜夫は、旧制高校（松本高校）生となり、旧制高校の伝統文化に直面したころのことを次のように回想している。「それはまず上級生という形をとって私の前に現われた。どんなにか彼らは偉く見えただろう。私が名前しか知らぬ、カントとかヘーゲルとかキエルケゴールとかいう人物にも彼らは直接習ったことがありそうだったし、シェイクスピアやゲーテやドストエフスキイなどとも友達づきあいをしているかのようだった。共同社会（ゲマインシャフト）とか止揚（アウフヘーベン）とか理性（ロゴス）だとか情熱（パトス）だとかいう面妖な言葉を発した。むろん彼らをバカにしているのではない。彼らは明らかに理想をもち、情熱をもち見るも汚ならしい現実社会に背をむけ、ひたすらに何ものかを求めようとしていた。たとえそれが精神の思春期の錯覚であろうとも」。北杜夫『どくとるマンボウ青春期』中公文庫、1973、32―33頁

養成系、人文社会系の学部、大学院の組織見直し計画を国立大学に要請した。この通知の報道に関しては、メディアのやや勇み足的な思い込みが先走ってしまったところもあったようであるが、[5] 当然のことながら、この通知に対しては国立大学をはじめとする大学関係者から、人文社会学の重要性を擁護するさまざまな批判が投げかけられた。マスコミ各社も、この通知を受けて人文社会学の危機に警鐘を鳴らす記事を掲載し、日本学術会議も7月23日付で、グローバル人材の養成のために判断力や批判的思考力は欠かすことができず、人文・社会科学の役割は増大しているとの内容を含む幹事会声明を発表している。[6]

しかし、筆者にとって意外だったのは大学関係者や評論家、マスコミに加えて経済界も今回の文科省の通知に対しては批判的であったことである。２０１５年9月9日付で経団連（日本経済団体連合会）は、「（文科省の）今回の通知は即戦力を有する人材を求める産業界の意向を受けたものであるとの見方があるが、産業界の求める人材像は、その対極にある」との声明を発表した。さらにその声明の最初の部分には、「人文社会科学を含む幅広い教育の重要性」という見出しが掲げられ、本文には、専門知とともに「文化や社会の多様性を理解することが重要である」との文言が含まれていた。[7] その後、文部科学大臣は「文科省は国立大学に人社系が不要と言っているわけではないし、軽視もしていない」と述べ（『日本経済新聞』２０１５年8月10日）、いわば火消しに躍起となりはしたものの、通知自体が取り消されることはなかった。

さて、今回の文科省の通知とその受け止め方に関しては、吉見俊哉も指摘するように、実は一つのずれが見出された。文科省の通知で見直しの対象とされたのは、（教員養成系や）人文社会系の学部・大学院である。すなわち、これらの学部や大学院で体系的に教えられる専門知としての人文社会学であったはずである。ところが、これを教養、リベラル・アーツに対する危機として受け止めた反応が少なからずあった。人文社会系学部の危機が、本来は別のものである教養、リベラル・アーツに対する危機として理解されてしまったのである。先に紹介した「人文社会科学を含む幅広い教育の重要性」という見出しを含んだ経団連の声明などは、その典型であろう。

このような同一視が生じた理由としては、やはり人文社会学的な知こそが教養の根幹にあるという、大方の人びとに共通した教養に関する理解の仕方を指摘できるのではないだろうか。そこに見られるのは、思想や歴史、文学、芸術、それに政治学や経済学（ひと頃であればマルクス経済学）、人類学などの人文社会的な知を専門知として位置づけるよりも、まずは「幅広い教養」を形づくる構成要素としてうけとめてしまうという理解の仕方である。ここに、大正以来継承されてきた人文学を重視する教養主義的な文化の影響を見て取ることは、決して的外れではないだろう。教養は、社会科学も含

5　吉見俊哉「「人文社会系は役に立たない」はほんとうか？」」、『現代思想』「特集　大学の終焉――人文学の消滅」、２０１５年11月号、vol 43‐17、80‐96頁

6　「これからの大学のあり方―特に教員養成・人文社会科学系のあり方―に関する議論に寄せて」、石井洋二郎「文部科学大臣の通知と人文社会的教養」、『ＩＤＥ現代の高等教育』２０１５年11月号、テーマ〈文系の危機〉、29頁

7　「国立大学改革に関する考え方」、経団連ホームページhttps://www.keidanren.or.jp/policy/2015/076.html ２０１６年1月14日閲覧

めてまずは広く人文学的な知から成り立つという通念のようなものが、なおも我が国には存在しているようである。

3 これまでの教養

次に、それほど遠くない過去を振り返って、教養とはどのようなものとして捉えられてきたか確認しておきたい。

上で述べたこととも関係するが、教養を重んじる教養主義という言葉は大正時代と重ねて想起されることが多いようである。本章でも、すでに「大正教養主義」という言葉は提示済みである。そこでまず、改めて大正期を中心とした近代日本の教養の成り立ちから見ていくことにしたい。

1 近代日本

明治の末、我が国では「修養主義」が重んじられるようになった。明治維新以降、「立身出世」が試験や競争の激化によって難しくなると、「努力して人格を向上・完成させること」を主眼とする「修養」が大きな意味を持つようになったのである。以下、筒井清忠と竹内洋の研究に依拠しながら論を続けたい。[8] 筒井によれば、包括的な「修養」の観念のなかに既に「教養」の理念は包摂されていたという。例えば、Bildungというドイツ語は、現在は一般に教養と解釈されるが、かつてはそれを修養と解釈する立場も存在した。修養主義の時代には、学歴エリートたちの文化も修養を重視していた。教養は、修養から分かれていったと解釈できるのである。では、修養主義の文化から教養が分離し、エリート文化として自立化を遂げたのはいつであろうか。筒井が注目するのは、ケーベル博士の役割である。

明治26年に来日して以来、ラファエル・フォン・ケーベルは東京帝国大学講師としておもに哲学、美学系の授業を受け持ち、彼のもとからは後の日本を代表する哲学者、文人が育っていった。西田幾多郎、波多野精一、和辻哲郎、九鬼周造、岩本禎などの哲学者のほか、安部能成、阿部次郎、岩波茂雄、夏目漱石もケーベルの教え子であった。注目されるのは、ケーベルがロシア人のなかのドイツ系であっただけでなく、彼自身が「熱心なドイツ的な「教養」の理念の信奉者であった」ということである。そしてその理念は、後世になって「偉大なる暗闇」[9]と讃えられるようになった、一高のドイツ語教師岩本禎を通じて多くの学生へと伝授されていった。岩本は、「万事にケーベルを範としようとさえしていた」といわれる。こうして、「修養」とはまた異なる（ドイツ流の）「教養」に関するイメージ

8　筒井清忠『日本型「教養」の運命――歴史社会学的考察』。竹内洋『教養主義の没落――変わりゆくエリート学生文化』

9　高橋英夫『偉大なる暗闇――師岩本禎と弟子たち』講談社文芸文庫、1993

のようなものが、エリートの学生に広まっていったのである。

では、このような教養に対して「修養」ではなく「教養」という言葉を最初に用いたのは誰であったか。筒井清忠の調査によれば、それは和辻哲郎であったらしい。大正6年の『中央公論』4月号に掲載された「すべての芽を培え」という一文において、「修養」から分離した「教養」の観念が明確にされたという。すなわち、和辻自身の言葉を用いれば、「数千年来人類が築いて来た多くの精神的な宝―芸術、哲学、宗教、歴史―によって」「人間としての素質を鞏固ならしめること」という意味での教養である。かくして、「人文学の読書を中心にした人格の完成を目指す」大正教養主義が、旧制高校をおもな舞台として花開いていったのである。[10]

その後、昭和に入ると教養主義はマルクス主義の台頭により影響力を失っていくが、[11]思想的な統制が強化され、いわゆる左傾学生に対する取締りが厳しくなると、教養主義は昭和教養主義として復活を果たす。自由主義的な経済学者であった河合栄治郎がその代表であり、12冊の「学生叢書」の刊行を通じて「教養主義的な「学生生活の方法」をマニュアル化」することにより、河合は教養主義の普及に大きく貢献した。しかし、マルクス主義も決して反教養主義的であったわけではない。ドイツ哲学がその土台にあったことから、マルクス主義は「教養主義の上級篇」と見なすこともできる。マルクス主義を経由したことにより、教養主義は社会的な性格を帯びることになった。すなわち、人格発展の手段として重視されたのは、大正教養主義ではまずは個人の内面の陶冶であったのに対し、昭和教養主義では内面の向上とともに社会とのかかわりのなかでの人格完成をも重視したのである。[12]

そして戦後、学生運動の高揚期を経て昭和50年代（1970年代後半）以降になると、「新中間大衆の時代」（村上泰亮）が到来し、教養主義はいよいよ解体の時期を迎える。教養主義の時代、少数であるにもかかわらずエリートが人格向上のために教養の高みを目指す姿勢を見せ、それが時代風潮となったが、新中間大衆の時代、教養をめぐる風潮は膨大な数の大衆により風向きを変えた。大衆は、多数者であることにより現状に安住する。「隣人と同じ振る舞いを目指し、すべて高貴なものを引きずりおろそうとする」。いわば、「凡俗な人間が、自分が凡俗であることを知りながら、敢然と凡俗であることの権利を主張し、それをあらゆる所で押し通そうとする」といった「凡俗の居直り」が見られるようになった（オルテガ）。

このような時代、大学生の間ではかつてのように努力して人文学的教養を身につけるといったことは、もう流行らない。竹内洋や筒井清忠などの調査・分析によれば、大学を幅広い教養を身につける場所として位置づける学生は、一般教養科目や専門科目を熱心に勉強する学生よりも、友人との交際に熱心な学生であるという。こうした学生にとって、人格形成、すなわち教養において重視されるの

10　竹内洋『教養主義の没落』、40頁

11　大正12年、岩波茂雄は新しい叢書の刊行を企図し、それを「教養叢書」と名づけようとした。すると、当時まだ岩波書店の若手の店員だった小林勇から「「教養」という言葉は既に黴臭くなって今日の人心を牽引する力はない」と言われたという。筒井清忠『日本型「教養」の運命』、94－95頁、竹内洋『教養主義の没落』、42－43頁。それだけ一挙に教養がブームとなっていたのだろう。

12　筒井清忠『日本型「教養」の運命』、100頁。竹内洋『教養主義の没落』、50頁、57－59頁

は、人文学書の読書や思索よりも友人との円満な関係ということになるのであろう。かつての教養主義が大衆からの差異化を目指したのに対して、最近の「軽さ」を増した教養（キョウヨウ）は、仲間作り、すなわち大衆への同化を目指すようになったと述べてよさそうである。大学で、一般教養科目は「パンキョウ」と呼ばれるようになった。[13]

このような傾向に鑑みれば、先に紹介した筆者による簡単なアンケートの結果も、決して的外れな内容を含むものではないということがわかる。世俗化され、軽さを増した教養には一般常識も含まれ、平均的なサラリーマン、大衆の一人となることの一助として教養は捉えられているのである。

2　近代ドイツ

ところで、以上の考察からも示されたように、大正教養主義において重視されたのは、なによりもドイツの文化であった。

現在、我が国でドイツの文化が取り上げられることは、音楽を除いてはあまり多くない。しかし、かつてドイツ文化は日本の学生や知識人に、現在とは比較にならないくらい大きな影響を与えていた。教養主義を一時衰退に追いやったマルクス主義も、『資本論』などドイツ語の著作から成り立っていた。旧制高校生の間で流布した「ゲルピン」や「メッチェン」、「ドッぺる」、「ゾル」などの隠語もドイツ語に由来した。大正教養主義の土台をなしていたのは哲学をはじめとするドイツ文化である。志のある学生は、理解できるかできないかは別にして、カントやゲーテ、ベートーヴェンなどに果敢に立ち向かい、あるいは親炙しながら、いかに生きるかを学んだのである。
では、これらの文化を生み出した近代のドイツでは、教養はどのようなものと考えられていたのだろうか。

近代ドイツの教養を見ていくうえで欠かせないのは、いわゆるドイツ「教養市民層」に対するまなざしである。ドイツ教養市民層とは、18世紀末から19世紀初頭にかけて成立し、大学教授や高級官僚、裁判官、ジャーナリストなどの専門職、「知性ある職業」に従事する人々を指す。筒井清忠の理解に従えば、これら教養市民層は「教養」Bildung 理念を絶対化するその信奉者で、学問による人間の人格・個性の発展と完成を人生の最高の目的としたという。人格は調和的・総合的に完成させなければならなかったので、そこでは実業教育のような個別の職業に就くための知性の使用・訓練は最も軽蔑された。このような教養市民層の一員となるためには、ギムナジウムから大学へという長くて高水準の教育期間が必要とされた。このようにして、近代ドイツでは大学・学問に極めて高い価値を置き、現世内での総合的な自己完成を究極の理想とする、「教養市民層」という新しいエリート階層が成立したと解釈されるのである。[14]

ドイツの市民社会を検討する際に、教養市民層という概念は近年よく用いられるようになった。イギリスやフランスと比べて市民社会の未成熟、市民性の欠如が指摘されるドイツの市民を取り上げる

13　竹内洋『教養主義の没落』、227頁、233－240頁
14　筒井清忠『新しい教養を求めて』中公叢書、２０００、101－102頁

際に、「教養」とともに市民層が捉えられるようになったのである。その際、ドイツでは研究の進め方に関して次のような特徴が見受けられたという。ドイツ市民社会の教養について音楽の側面から光を当てた宮本直美によれば、ドイツ（とりわけビーレフェルト学派）では、「市民とは誰かではなく、どのようなものが市民的と捉えられたのか」、が問題とされてきたという。ドイツでは、実態としての市民層があいまいなので「誰が」市民であったかは分からないにしても、「市民であること」は重要だったので、漠然とした「市民層」が問われるようになったというのである。その際に不可欠の指標となったのが教養であった。市民であろうとする時に目指されたのが、教養市民層の一員となることだったのである。[15]では、ここでの教養とはどのようなものを意味したであろうか。

近代ドイツでは、教養（Bildung）に様々な理念が盛り込まれてきたようであるが、その「最大公約数的なもの」としては、やはり教養理念に基づいて教育改革にまい進したフンボルトの理解が多く取り上げられたようである。それは、一言で言えば、教養とは人間個人の内面を発展させてゆく、ということとなろう。[16]近代ドイツでは、市民を客観的に把握することが難しかった。とすれば、教養とは客観的に規定され得ない市民にとって、市民であることのアイデンティティの支えとなり得るものである必要があった。それは、貴族が生まれながらにして持っている決定的な指標に代わる、市民の自意識と誇りを約束するという役割を託された理念だったと宮本直美は述べる。[17]そこで、「人間個人の内面を発展させてゆく」という自己形成の過程を強調する教養の理念が大きな意味を持つことになった。貴族の場合であれば、生まれや血統が正当性の保障となる。しかし、そのようなものを欠く市民が自己を証明するとなれば、「何者かではなく、どのように生きているか」を問う必要があった。それゆえ、「教養理念にとって重要なのは何らかの到達状態ではなく、不断にそれへと向かう過程、その時間の継続、あるいは時間を埋め続けること」と捉えたうえで、宮本はこう述べる。「つまり教養とは、常に自己形成を目指し続ける市民の「生の様式」であった」と。[18]

近代ドイツの教養理念に盛り込まれていたのは、外面に現われない成長や目に見えない価値、すなわち把握し得ないものの価値であった。概して、19世紀以降のドイツは「資格社会」とされ、様々な資格が認定されていたことで知られる。しかし、ドイツのエリートは資格を取得しただけでは満足しなかった。外から推し量ることができる資格とは別に、「真の」内面性を追い求め、研鑽を積んだのである。すなわち、「教養とは、古典語の知識でも、資格試験でも、官僚という地位でもなく、ただ内面的陶冶といった抽象性で把握するしかない」曖昧なものであった。近代ドイツの教養には、このよ

15　宮本直美『教養の歴史社会学――ドイツ市民社会と音楽』岩波書店、２００６、７－10頁
16　宮本に従ってフンボルト自身の言葉を以下に引用する。「人間の真の目的は……みずからのもろもろの能力を一つのまとまりのある全体に向けて最高度に、しかももっとも調和のとれた仕方で発展させることである」。宮本直美『教養の歴史社会学』、58頁
17　宮本直美『教養の歴史社会学』、41頁
18　宮本直美『教養の歴史社会学』、61頁
19　以上、近代ドイツの教養に関しては、宮本直美『教養の歴史社会学』、第1章「教養を求める人々」29－78頁を参照した

うな性格が見出されるのである。[19]

大正教養主義に多大な影響を与えた近代ドイツの人文諸科学は、このような内面を発展させて人格の完成を目指すという、「修養」とも共通する自己形成の過程を重視する教養理念を内包していたのである。

ところで、フリッツ・K・リンガーは、教養市民層(読書人階層)の没落について論じる際に、国家官吏や大学教授などの知的エリート層がある社会の内部で有力な地位を獲得することができるのは、「一定の特殊条件が整っている場合に限られる」と述べる。特に、経済の編成が農業を中心とする時代と工業化の最盛期との中間期にある時、読書人階層は繁栄を謳歌する」と言うのである。すなわち、一方で土地所有に基づく貴族の特権が弱体化し、他方で企業家の中産階級も未成熟であるような過渡期において、「伝統的威光にもよらなければ、実用的な知識・技術にもよらない」「読書人階層(教養エリート)の意義は最も強力となる」。しかし、社会経済の進展に伴う大衆社会の到来により、その地位は脅かされるようになる。増加して非エリート化した学生は古典より実学を優先させ、学問自体も専門化、技術化の度合を高め、「陶治された完全な人格」といった教養の理念は失われていく。かくして、教養エリートの「没落の時代」がやってくることになる。[20]

筒井清忠も述べるように、確かに日本でも、リンガーの解釈のごとく、農業社会から成熟した大衆社会へと移り変わる際に教養主義は影響力を増した。[21] そして戦後、高度経済成長の進展とともに大学の大衆化が進み、実学重視の気運の高まりとともに教養主義の威光は失われていくことになった。

4　アメリカの「一般教育」

戦後、ドイツに代わって我が国の大学で影響力を強めたのはアメリカであった。とりわけ、その影響は一般教育（教養教育）の導入を通じてカリキュラムの面で強い力を及ぼしたといってよいだろう。ここで注意したいのは、戦前の旧制高校などを舞台とした教養主義と、戦後の新制大学で導入された一般教育の理念との間には断絶があると考えられていることである。吉田文によれば、旧制高校と新制国立大学の教養部とのつながりは確かに指摘できるとはいえ、一般教育の導入に際しては、自己の内面に浸る旧制高校流の教養主義は否定された。それに代わって「戦後の民主社会を形成するための市民の育成が目的とされた」ので、「両者を同一に扱うことはできない」とされる。[22] 以下、この点も含めてカリキュラムの問題にまで立ち入ることはできないが、戦後日本に導入され、一般教育（教養教育）の土台となったアメリカの大学のジェネラル・エデュケーション（一般教育、普通教育）に込め

20　フリッツ・K・リンガー（西村稔訳）『読書人の没落――世紀末から第三帝国までのドイツ知識人』名古屋大学出版会、1991、1-9頁。筒井清忠『新しい教養を求めて』、49-54頁

21　筒井清忠『新しい教養を求めて』、53頁

22　吉田文『大学と教養教育――戦後日本における模索』岩波書店、2013、24-25頁。さらに、アメリカのリベラル・エデュケーションやリベラル・アーツ・エデュケーションに「教養教育」という訳語を当てても、リベラル・アーツ（欧米流の教養）は日本の文脈でいう教養を意味するものではないとされる。同書、28頁、注7

られた理念（リベラル・エデュケーション）を吉田文に従って簡単に探っておきたい。[23]

さて、アメリカの一般教育に込められた理念を見ると、そこでもやはり市民の育成ということが重要な課題となっていることに気づかされる。例えば、コロンビア大学では現在も「能動的で見識の高い市民」を育成することが、ジェネラル・エデュケーションの目的として挙げられているという。市民として広く社会生活に参加することが、人々には求められているのである。ハーバード大学でも、ジェネラル・エデュケーションの目的が四つ掲げられているなかで、筆頭に置かれているのは「市民としての社会参加」であるという。市民の育成とは、専門職業人の育成と対比させることができ、後者は専門教育が、そして前者はジェネラル・エデュケーションが担うとされる。

ところで、ここでいう「市民」とはなにか。当初、市民と見なされたのは白人上層のエリート層であった。やがて公民権の拡大などを通じて、さらにはエスニシティやジェンダーの観点からも、市民の範疇は広がりを見せていった。それとともに教育内容に関しても、マイノリティの存在がクローズアップされるようになったことから変更が迫られていった。すなわち、これまでの教育内容は、「西欧中心・白人中心・男性中心」であるとして批判されるようになり、これまでの「市民の育成」という理念に加えて「多様性」（Diversity）がジェネラル・エデュケーションのなかで大きな意味を持つようになった。「多様性とは深いレベルで市民の統合を高める手段」であり、民主主義的な価値観のなかに多様性は埋め込まれているとされるのである。

それでは、アメリカではなぜこれほどまでに市民の育成が問われるのであろうか。吉田文に従い、この問いに対するロスブラットの解答を以下に引用すれば、その理由は「市民とは多様な出自からなる人々を、アメリカ人としてつなぎとめる理念的紐帯であり、ジェネラル・エデュケーションにその役割が課されているから」となる。このような役割を担うことにより、ジェネラル・エデュケーションは専門教育が重視されるようになった近代の大学においても、欠かすことのできない位置を占めているのである。

さらに注目したいのは、アメリカ流の一般教育の内容である。多様性を重んじ市民を育成することに力点が置かれるとはいえ、アメリカは20世紀以降資本主義世界経済を牽引する世界市場の中心に君臨する経済大国である。そこでの大学教育は、一見すると一般教育も含めて極度に功利主義的であり、実践的な性格が重視されているのではないかと推測される。しかし、そこでは人文学的な知が占めるウェイトも極めて高いのである。現代では「コア・カリキュラム」と総称される「現代文明論」や「グレート・ブックス」といった授業からなるカリキュラムの特徴を、吉田に依拠して三つ挙げれば、①西欧の古典に依拠した人文学が中心となる内容であること、②全新入生に対する通年の必修科目であること、③古典の講読とそれに基づく議論から授業方法が成り立っていること、となる。

一例として、コロンビア大学の「現代文明論」の内容を見てみよう。ここでは、プラトンやアリス

23　リベラル・エデュケーションとは理念的哲学であり、それをカリキュラムとして具現化したのがジェネラル・エデュケーションであるという。吉田文『大学と教養教育』、13頁。以下、本節の記述は、同書の序章「アメリカのジェネラル・エデュケーションの構造」、29－71頁に依拠する

トテレスといった古典古代の著作から近代のニーチェ、フロイト、バージニア・ウルフまで、40冊弱の原典を、一日一時間、週5回の授業で一年間かけて講読するのだという。このような教育内容からは、内面への耽溺の程度に強弱はあろうが、古典の講読と議論によって人格の形成が可能となるという、ドイツや日本の教養主義で重視された人格の陶冶とも重なるような教養の理念が、アメリカにおいても通用するであろうことが見えてくる。その内容は、職業教育とはひとまず無縁であり、非実学的な色彩が極めて強いのである。

ところで、戦後日本がアメリカから導入した一般教育は、第二次世界大戦前後に同国の州立大学を中心に普及していた方式であるという。[24] 元来、州立大学とは農学や工学などの実用的学問を教える場として設立され、西欧文化に対する憧れもなく、先述のコア・カリキュラムを重視する気運も乏しかったという。「しかし、職業教育が中心の州立大学でも、職業と無関係なリベラル・アーツが不要だということにはならず、むしろ、ジェネラル・エデュケーションはリベラル・アーツから構成され、そこに学習の共通基盤がもとめられたという」。リベラル・アーツ、すなわち、特定の職業と直結していない、人文科学、社会科学、自然科学に広く立脚した欧米流の教養―西洋中世の自由7科（文法、修辞学、論理学、算術、幾何学、天文学、音楽）を源流とする―を基盤とする大学のカリキュラムを、戦後日本の大学はモデルとしたのである。[25]

さて、以上で近代の日本とドイツの教養、また、より最近のアメリカの一般教育（教養）について、先学の研究成果に依拠しつつ概観してきた。これまでの考察で何か指摘できることはないであろうか。

一ついえることは、あたり前のことであろうが、いずれもともに「人格の形成」や「内面の陶冶」など、人間としての成長が重要視されていることがわかる。さらにその手段としては、古典（とりわけ西洋の古典）に接することが重んじられる点も、共通している。古典が重視されたのは、ここで取り上げた三つの教養に限られない。例えば、古代ギリシア、かつての中国とイスラム世界、最近のフランスにおいても、教養を身につけるために先人の故知・古典を尊重し、早い段階からそれらに親しむことが見られたという。教養とは、「実用的知識をこえたもの」だということが、これらの事例から見えてくる。「古典」と、さらには「詩歌などの芸術」を尊重することにより、「「たしなみ」と「ふくらみ」をつけた人間」。「教養ある人間」像としてこのようなイメージが浮かび上がってくるのである。[26]

24　吉田文『大学と教養教育』、11頁

25　ただし、このアメリカのカリキュラム・モデルに対する批判も多く、改革が進められていったという。詳しくは、吉田文『大学と教養教育』、44－51頁を参照

26　筒井清忠編『新しい教養を拓く——文明の違いを超えて』岩波書店、１９９９、50－54頁。また、ドイツとアメリカの検討からは、市民の形成が教養（一般教育）とかかわっていることも見えてきた。ただし、ドイツでは市民であることの存在証明として、アメリカでは多様な市民をまとめ上げるための紐帯として、という具合に意味合いは異なる。一方、日本をはじめとする東洋では、近代的な個人の確立やコミュニティ、近代国家とのかかわりなどの面から、いわゆる欧米流の市民意識の欠如が指摘されたこともある。本稿では、日本における市民の形成と教養との関係について立ち入ることはできなかった。なお、日本も含めた東洋世界における市民意識の欠如については、さしあたり以下を参照。増田四郎『都市』ちくま学芸文庫、１９９４（初出は１９４７）、第Ⅲ章「東洋になぜ市民という意識が発達しなかったか」

5　現代に求められる教養——教養のこれから

「教養を深めるためには、古典に接することが大切である」。過去の教養を振り返ると、このような共通する教養の内実が見えてくるのであるが、これはある程度、予測できたことである。とはいえ、古典重視の姿勢を今日の教養にそのまま持ち込むことは難しいだろう。社会の移り変わりが激しい今日、変化するものとしないもの、言い換えれば不易と流行とを見極めるために古典の世界に親しむことは、確かに大きな意味があるとはいえ、大学の大衆化が進んだ現在、古典教育に力点を置いたある種のエリート教育が成り立つのは、ほんの一部の大学だけであろう。過半の大学では、古典の素養に基づく高貴な人間の育成が、そのまま今日求められている教養であると言うことはできない。

では、今日求められる教養とはどのようなものになるのか。現在までのところ、新たな教養を求めて模索が続けられているとはいえ、それがどのようなものであるのかは、まだはっきりと示されてはいない。しかし、少なくとも次のようには言えるのではないか。それは、求められる教養の中身は変わったであろうが、教養とは決して無用なものではない、ということである。確かに、「教養主義」は没落したとはいえ、冒頭でも述べたように、よりよく生きる上で教養はやはり身につけていたほうがよい。その手段としてかねてより重視されてきたのが読書である。

なぜ教養を身につけるうえで読書が重視されるのであろうか。それについては、様々な理由が挙げられるであろうが、ここでは、書籍が持つ次のような特性を理由として挙げてみたい。すなわち、書籍というものが極めて効率の悪いメディアであるということである。この点については、既に別稿で触れたことがあるが、[27] 再度ここで指摘し、以下の文章を引用することとしたい。効率の悪いメディアである書籍が、なぜ教養の土台をなすかという点に関する説明である。

「ビジュアルな情報はあっという間に感覚に入る。脳は瞬時のうちにそれを受容することができるわけですけど、文字言語はイメージとは違って、すぐに像が結ばれない。イマジネーションを働かして自分で像をつくり上げなくちゃいけないわけです。実はこれがすごく重要です。効率という意味では非常に悪い。文字から像までには時間的なラグがあって、そこで考えたり想像しないといけない。これはわずかな時間なんですけど、ずれているその間に自分の脳が想像力と思考力を働かせる。そこではじめて言語の運用能力が出てくる。本じゃなくちゃいけない最大の理由がそこにある。それは本以外に考えられません。本はある意味では時代遅れの遅いメディアなんだけど、その遅さのなかに途方もなく重要な精神の形成力がある」[28]。このような理由から、読書を手段とする思考力の獲得に依拠した教養が、情報機器がこれだけ発達した現在でも重視されるのである。

27　谷澤毅「大学図書館の開放性と専門性」、『長崎県立大学経済学部論集』第43巻第1号、155－184頁

28　小林康夫、山本泰編『教養のためのブックガイド』東京大学出版会、２００５、100頁

そこで、次に触れておくべきは、読書を重視しながら教養として具体的に身につけるべきその中身、例えば知識だけでなく知的スキルや思考方法をも含めたその中身についてである。これについても、各人各様の様々な見解があって当然であろうが、ここでは教養の中身を充実させるために学生、とりわけ地方の大学で学ぶ学生に身につけてほしい三つの視角を重視しておきたい。三つの視角とは、「グローバリゼーション」、「地域」、「歴史」それぞれの観点からの視角である。

教育史学者の寺﨑昌男は、イギリスの科学技術政策学者のマイケル・ギボンズなどを踏まえながら、現在は伝統的な学問のあり方が問われ、課題に応じて学問を作っていくという時代に入ってきたと述べ、次のように続ける。「その課題というのはディシプリンを越えたところから生まれる。すなわち「外生的」な課題に私たちは直面している。今までの学問上の創造は全て「内生的」だった。物理学なら物理学、生物学なら生物学といった専門学の中から生まれてきた。これに反してあらゆるディシプリンの枠を超えた外生的な課題、これに直面するように迫られているのが、現在の学問」である。例えば、地球温暖化は、まさに巨大な外生的課題の一つであるが、これに対応するなかで新しいかたちの学問が創造されていくという。[29]

新たな形の学問の誕生は、新たな専門分野やそれを扱う学部学科の創造だけでなく、教養の中身にも変化をもたらすことであろう。しかし、教養の中身は変わっていくとはいえ、上記の三つの観点に立脚した視角は、視座としては有効であり続けるのではないだろうか。それゆえ、教養の土台ともいえる、「人間・社会・自然をより広い視野のなかで見ていくこと」をさらに可能とする、そのための一助になるのではないかとも考えられる。そこで、三つの視角をなす「グローバリゼーション」、「地域」、「歴史」について、この順に付言しておきたい。

グローバリゼーション

グローバルな人材育成の観点から、英語力は近年とみに重視されるようになった。むろん、グローバリゼーションに対応した国際人となるためには英語の素養は欠かせない。しかし、グローバリゼーションに対応した教養人となるためには、単に英語が話せるだけでなく、さらに世界規模で物事を理解し判断する能力が必要であろう。世界各地で日々繰り返される出来事あるいは事件のなかには、グローバルな観点から、さらには政治や経済あるいは宗教や文化といった枠組みをも超えて複合的に解釈すべき問題も多く含まれている。

物事を一国あるいは一地域の閉じた領域内で表面的に解釈してしまうのでなく、グローバルな観点も踏まえて広域的、多面的に深く理解する力。このような能力が学生には問われるべきであろう。例えば、格差や貧困の問題は、どこでも一国内部で自己完結的に生じているのではない。ここには、世界経済が大きく関わっている。発展途上国の貧困の問題は、我々の生活とも決して無縁ではないのである。世界地図もしくは地球そのものを念頭に置きながら、物事について広く、深く考える習慣が求

29　寺崎昌男『大学自らの統合力Ⅱ——大学再生への構想力』東信堂、２０１５、28頁

められるだろう。しかも、グローバリゼーションの展開は歴史的な産物である。世界経済が今あるかたちに至るまでには長い歴史があった。歴史的観点の重要性については、以下でまた触れる。

地域

近年、大学は地域とのかかわりを重視するようになった。ましてや、筆者が勤務するような地方の公立大学であれば、地域との関係は地域連携という言葉で教育・研究上の不可欠な項目となっている。大学が、地元の人びとから歓迎される存在、必要とされる組織となるためにも地域貢献は欠かせない。その推進のためにも、大学が立地する地元（地域）に関する知見は、そこで学ぶ学生にとっての必須の教養項目といってよい。地元出身の学生のみならず他地域出身の学生にとっても、このことは当てはまる。

学生がまず踏まえるべきは、大学周辺の地域に関する基本的な知識である。そこには、当該の地域に関する現況のみならず、やはり歴史に関する知識も含まれる。歴史的な展望を切り開くことによって、長い時間を経て培われてきたその地域の特徴や、他地域との関係においてその地域が果してきた役割が見えてくることであろう。昨今は、各地で「地域おこし」や「まちづくり」が実施され、大学の地域貢献においても重要項目となっているが、その第一歩としては、まずは大学の地元について精確に知ることが重要である。なぜなら、それがその地域の特徴や役割、特異な歴史などについて理解する出発点となり、その地域に対する興味を経て愛着（郷土愛）を育むきっかけになることが多いからである。例えば、筆者の勤務校が位置する佐世保市は、軍港都市として海軍の鎮守府や工廠の設置とともに特異な歴史を歩んできた。その地域的な特徴とともに国の守りとして佐世保が果してきた役割を理解することは、都市としての佐世保に真剣に向き合うための大きなきっかけになるはずである。考古学者の森浩一は、かつて「考古学は地域に勇気をあたえる」と述べた。[30] 考古学的な成果も含めた、その地域にまつわる新たな発見が、そこで生活する者、学ぶ者に地域に対する関心を呼び起こし、地域が持つ将来的な可能性を認識させるのである。

いうまでもないことだが、「地域」と「地方」は、それぞれ概念を異とする。概して、「地域」はそれ自体であるまとまりのある空間を指すのに対して、「地方」は「中央」との関係や対比において用いられるのが一般的である。国家のなかの周辺という意味合いが含まれるのである。「地方」の大学であれば、もちろん大学としての普遍性を踏まえてのことであるが、その性格や役割は「中央」の大学とは異なったものになるはずである。地方の大学で学生が学ぶ「地域」の中では、「地方」からのまなざしも大きな意味を持つことであろう。

さらに、地域という概念はフレキシブルに活用できる。[31] 今日では、小規模な生活を基盤とする共同

30　森浩一『地域学のすすめ――考古学からの提言』岩波新書、2002年、ⅲ頁

31　言葉を変えれば、「地域」という概念には、それだけ恣意的な要素が含まれているということなのであろう。それゆえに、清水元は、「地域」の客観的かつ実効的な定義づけを行うことは必ずしも容易ではないと述べる。清水元『アジア海人の思想と行動――松浦党・からゆきさん・南進論者』NTT出版、1997、222頁

体のみならず、国境を越えた複数の国や地域を含むまとまりのある広域的な空間に対しても、地域という言葉が用いられている。グローバルな観点に立脚すれば、「地中海地域」や「環太平洋地域」のような巨大な地域を設定することも可能であろう。地域概念を柔軟に活用することによって、大学が置かれている地元地域の性格や特徴があらためて多様な関係性の中であぶりだされ、それが学生や地元の人びとにとっては新たな発見と地元地域に対する興味の喚起につながるかもしれない。再び佐世保を例とすれば、常識的に国家的な観点から東京を中心に佐世保（長崎県）を見れば、そこは日本という国家地域のなかの西の辺境（西海地方）として位置づけられることになる。しかし、海に視点を置く、いわゆる海洋史観に基づき東シナ海を中心に長崎県（佐世保）を見れば、そこは東シナ海並びにそこを介してつながる諸外国に最も近い、日本にとっての最前線（フロンティア）として位置づけることもできるのである。

歴史

物事を深く多面的に考察していくための一助として、ここでは歴史的な角度から光を当てること、換言すれば歴史的に思考することの重要性を強調したい。グローバリゼーションにしろ、地域にしろ、それらの分析視角にさらに歴史的な分析視角が加われば、思考の射程と奥行きはさらに増すと思われるからである。物事の成り立ちを過去に遡って検証することは、より深い理解に到達するための、つまり教養をより確実なものとするための大いなる一助となるはずである。

例えば、グローバリゼーションに関して歴史的な観点から光を当てるのであれば、その展開の契機として大航海時代（15世紀末―16世紀）が大きな意味を持っているということが理解されるであろう。その際、経済の分業体制を基盤として中心地域として西欧地域が発展し、逆に周辺地域（中南米、アジア、アフリカなど）が低開発化していく過程も見えてくるはずである（世界システム論）。世界規模のシステム（近代世界システム）として資本主義世界経済が形成される過程で、格差の問題をも世界規模で生じさせていくメカニズムが明らかとなってくるのである。[32] さらに、このような歴史的な分析からは、現在我々が常日ごろあたり前のものとして受け入れている資本主義という経済体制さえもが歴史的な産物であって、唯一絶対的な経済なのではないということも理解されるであろう。

学生には、物事を数十年、数百年の長い時間軸のなかで見ていく習慣を身につけてほしいと思う。「いま」、「ここで」生まれつつある出来事をグローバルな空間とともに歴史的な時間の流れのなかに配置すれば、見えてくる光景はずいぶんと違ったものになる。より確かな地図が得られるのである。即戦力や短期的な成果ばかりが重視される時代であるからこそ、50年、100年先を見越して「これからのこと」を考えるためにも、「これまでのこと」を考えてほしい。

32　ここでは、「世界システム論」の観点からグローバリゼーションについて、解釈を施している。「世界システム論」とは、世界を一つの広大な有機的システムとして理解する考え方であり、そのシステムは、世界の各地が経済的な役割を分担することにより成り立つとされる。提唱者は、アメリカの歴史学者、社会学者のイマニュエル・ウォーラーステイン。巨視的な歴史理論の一つとして広く普及するようになった歴史的な分析・思考法の活用が、学生にとっては新たな発見を促し、好奇心を喚起する一助となっている。このことを示す筆者の経験を一つ紹介したい。

ここ数年、筆者は勤務校で「国際化・情報化の進展と諸問題」というオムニバス形式の全学教育（一般教養）科目のうちの3～4回を担当している。この科目は「現代社会の課題」という科目群に配置されているので、講義自体はグローバリゼーションの急速な展開と情報機器の進化など、社会の最先端について学べるどちらかといえば未来志向の講義として位置づけることができるであろう。しかし、筆者はあえて「歴史のなかの国際化、情報化」というテーマを設定して、過去に遡って国際化、情報化の歴史を題材として講義を行ってきた。毎年、筆者担当の講義の最終回に受講生に感想を書いてもらうのであるが、そのなかには、歴史に関する話を聞くことができたことを理由として、「よかった」、「面白かった」、「新鮮だった」などという感想が、毎年そう多くはないが、必ず含まれているのである。

科目名からして時代の先端をイメージさせる講義なので、大方の受講生は国際化、情報化の最先端、未来について学ぶことを期待しているようであるが、筆者の講義はその期待を見事に裏切ることになる。それゆえ、「最初はとまどった」、「何でこんな昔の話を聞かなければならないのか、最初は理解できなかった」といった趣旨の感想を率直に書く受講生も少なくない。しかし、そのような受講生もその多くは、筆者担当の講義全体を聞くことによって、「なるほどと思った」、「面白さがわかった」、などと肯定的な評価を下してくれている。「これから物事を新しい視点で見ていくことができるようになると思うと面白いと感じます」という、筆者にとって心強い感想を寄せてくれた受講生も見出された。一見すると迂遠と思われがちな、歴史に遡っての考察が、実は物事を深く理解し、新たな側面から物事に光を当てるための一つの有効な手段であるということを、筆者はこの講義における実践を通じてあらためて実感できるようになった。[33]

以上が、教養において歴史からの視点を重視したい所以である。

33 幾つか具体的な声を抜粋したうえで、以下に紹介したい。2015年11月19日の講義終了後に寄せられた筆者担当の4回の講義に対する感想である。「普段考えないことや聞かないことを、この講義を通じて学ぶことができとてもよかった」。「……本講義は、私には思いつかないとても新鮮なものであった」。「この4回の講義で情報化についての歴史を学ぶことができ、知っていることをさらに細かく知ることができたり、全く知らず、驚く事もたびたびありました」。「最初は国際化・情報化の発展と、それに付随する諸問題についてなのに、どうして過去のことなんだろう?と思いました。しかし、今日の講義のまとめ（これからの国際化、情報化について知るためには、これまでの国際化、情報化について知る必要がある）を聞いて、なるほど!と思いました」。「私は今まで過去のことより、未来のほうが大事だと考え歴史を知ることはあまり好きではなかったが、今回のこの4回の講義で歴史についての大切さとおもしろさがわかった」。「これまでの講義を受けてみて、本当に知ることが多かったというのが第一の印象です。（中略） ほんの少しではありますが、意識が世界へと傾き始めたような気がします。有意義な時間をすごすことができました。本当にありがとうございました」。むろん、以下のような感想もある。「私は、歴史が苦手です。正直、「国際化・情報化の進展と諸問題」という講義名からイメージしていたものとは違いました」。「今回の講義は正直ひたすら眠かったです」

結び

あらためて、教養とは何かを問えば、あり得べき答えの一つとして挙げられるのは、やはり「よりよく生きること」となるのではないだろうか。池上彰に従って敷衍すれば、「これまでの常識が通じない、変化の激しいいまのような時代においては、教養こそが次の解を出すための実践的な道具になり得る」のである。教養を身につけることにより、「自分の存在が社会の中でどんな意味を持つのか、客観視できる力を身につけること」ができるようになる。視野を広げ、枠の外側から客観視できるかどうかは、まさに生き方とかかわってくる。なぜなら、「そうでないと、ただやみくもに働いたり生きたりすること」になってしまうからである。[34]

実学が重視される現在、社会の即戦力に対する要請は大きなものがある。とはいえ、即戦力は早く陳腐化する。「すぐ役に立つことは、すぐ役に立たなくなる」ことが多い。何が正しいことなのかが明確でなく、重層的な判断力が求められる時代であるからこそ、「実学」に対する人文系の様々な「虚学」、すぐに役に立ちそうにはない書籍を通じて得た知見を重視する学問分野が、思わぬ効力を発揮することがあるかもしれない。「時間がかかって面倒臭いプロセスを背負い込む。そうやって身につけた教養は、どんな分野に進んでも役に立つ力になる」に違いない。[35] とりわけ、読書は大きな武器となるはずである。幅広い教養を身につけることの大切さを、学生のみならず心あるすべての人に訴えたいと思う。

34　池上彰『学び続ける力』講談社現代新書、２０１３、172－182頁
35　『朝日新聞』２０１５年3月4日紙面、「論争　文系学部で何を教える」。これからの大学の教養教育に関して、経済学者の猪木武徳は次のように述べる。「古典を含む人文学や社会科学の遺産をよく学び、数学と哲学・言語（特に読解力と作文）の訓練を通じて、何が自分と人間社会全体にとって価値があるものなのかを検討し、「権威」に依拠しない自らの考えをまず母語で正確に豊かに語る能力、説得力のある文章を書く力を養うことを、これからの大学の教養教育は忘れてはならない」。さらに猪木は、「そこにこそ大学の生き残る道がある」とも述べ、「社会の変化に対応しつつ、社会の要請に順応しながら、社会人教育、実践的知識の鍛錬も一部取り入れ、しかし大学本来の「自由学芸」を守り育てていくという「二枚腰」の姿勢こそ正攻法だ」と考えると結んでいる。大学のこれからを見据えたうえでの、教養のあり得べき一つのかたちとして紹介しておきたい。猪木武徳「実学・虚学・権威主義――学問はどう「役に立つ」のか」、『中央公論』２０１６年2月号、89頁

実践的な経済学教育——教育効果の客観的指標について

矢野生子

1　教育効果についての客観的な指標、学習到達度の明確化

医学部や看護学部などのように国家資格の取得が卒業要件である学部（学問領域）では教育効果や学習到達度を測ることは比較的容易である。なぜなら、最も重要かつ最終的な教育目標が「国家試験の合格」という明確なものであり、国家資格を取得しない限りは医師や看護師にはなれないからである。

従って、このような学部においては「国家試験の合格」という客観的で明確な目標のためのカリキュラムを組み、試験対策を行えば良いのであり、国家試験の合格がそのまま学位授与方針（ディプロマ・ポリシー）となる。医学系以外にも一般的に理工系と呼ばれる学部では、大学で修得した国家資格や専門技術を生かした就職先に就職することが多いため、学習到達度も明確化しやすく、教育効果が就職状況と密接な相関関係[1]にあるということができるであろう。

これに対して、文科系と呼ばれる学部、特に経済学部においては、学生は税理士や公認会計士などのように資格を必要とするごく一部の職種を除くと、理工系の学生のように大学で修得した国家資格

や専門技術を生かした就職先に必ずしも就職する訳ではないので、経済学士としての「質の保証」ともいうべき学位授与方針が非常に曖昧な状態となっているのである。

例えば、本学の「経済学科」の「教育目標」と「学位授与方針」は以下のようになっている。[2]

【教育目標】

経済学科は、激動し多様化する現代社会の諸問題やニーズに的確に対応できる、理解力と応用能力に優れた実践的ビジネスパーソンの育成を教育の理念としています。このため、経済社会に対する的確な理解力と幅広い教養を備えた人材の育成を目指します。

【学位授与方針（ディプロマ・ポリシー）】

1　経済的視野を持ち、経済分析に必要な基礎的知識とスキルを有する。

2　経済的問題の解決策を導き出す企画能力を有する。

1　近年、海外インターンシップが各地の大学で実施されるようになってきたが、受け入れ先の企業が求める人材は主に技術を持った理工系の学生が多く、語学以外で特に資格を有しない文科系の学生については受け入れが少ない現状である

2　長崎県立大学ホームページより。平成28年度より長崎県立大学は学部学科改組に伴い、経済学部が経営学部と地域創造学部の2学部に変更されている。本稿では旧カリキュラムとなる経済学部、経済学科の「教育目標」と「学位授与方針（ディプロマ・ポリシー）」を説明している

3　国際的な視野を有し、貿易や海外事業などグローバルな経済社会で活躍できる。
4　地域経済の諸問題を的確に把握している。
5　他者の意見や人格を尊重し、自身の考えを伝えることができる。

他の大学の経済学部でもだいたい同じような教育目標や学位授与方針を掲げている。しかし、「グローバル人材の育成」や「実践的なビジネスパーソンの育成」それ自体が曖昧なものであり、明確に定義されている訳ではないので、客観性に乏しく、具体性に欠けるという指摘につながりがちである。従って、学習到達度についても明確化が難しく、教育効果についても就職状況と密接に関係する「国家試験の合格」のように客観的な目標の達成という形で測ることが非常に困難になっている。「英検」や「簿記検定」のような資格試験は一部の科目の到達度としては客観性を持つと考えられるが、その資格だけで経済学士としての客観的な学習到達度を示すものではない。ましてや経済学については、「英検」や「簿記検定」のような文科省が公認し、世間的にも広く認められているような資格試験は現時点では存在していないのである。

2　経済学の客観的な指標と学習到達度の測定は可能か

それでは、経済学士として客観的な学位授与方針となる指標や学習到達度を測るためにはどのようにすればよいのだろうか。以下では、経済学の客観的指標となりうる可能性のある、現在実施されている検定試験についてそれぞれの特徴や問題点について説明と考察をおこなう。

《経済学の客観的指標となりうる検定試験など》

簿記検定や英語検定、TOEICなどのように文科省などが公認する資格試験ではないが、それに近いものとして現在実施されている経済学の客観的指標となりうる検定試験としては次のようなものが挙げられる。

「経済学検定試験（ERE）」（日本経済学教育協会）

経済学の「学習の理解度を客観的に評価すべき」という要望から、2002年3月より実施されている特定非営利活動法人「日本経済学教育協会」による検定試験である。

『EREは、主として経済学部および社会科学系学部の学生を対象に、全国規模で経済学の数理的・理論的な基礎知識の習得程度と実体経済での応用能力のレベルを判定する試験です。

経済学の知識習得の具体的な判定目標として、また、ビジネス社会において必要とされる経済学の基礎知識とその応用力を養成する検定試験として、就職を目指す大学生をはじめ、ビジネスパーソンや企業担当者からも注目を集めています』[3]

試験の科目としては、「ERE」と「EREミクロ・マクロ」という2種類がある。「ERE」は「ミクロ経済学（25問）」、「マクロ経済学（25問）」、「財政学（10問）」、「金融論（10問）」、「国際経済（10問）」、「統計学（10問）」の6分野（90問）を180分間で解答する総合的な経済学の理論を判定する試験となっている。これに対して、「EREミクロ・マクロ」は「ミクロ経済学（25問）」と「マクロ経済学（25問）」の2分野（50問）を100分間で解答するものである。ミクロ経済学（25問）」と「マクロ経済学（25問）」は「ERE」も「EREミクロ・マクロ」も同じ問題であるが、学部生、特に2、3年生が受験する場合には6分野の負担が非常に大きいため、「EREミクロ・マクロ」を受験する学生が圧倒的に多くなっている。[4]

評価は偏差値による表1のような7段階の判定となっている。

表1　EREの成績判定

ランク	偏差値	範囲
S	73以上	上位1%以上
A+	66～73未満	1.1～5.0%
A	60～66未満	5.1～15.0%
B+	55～60未満	15.1～30.0%
B	47～55未満	30.1～60.0%
C	37～47未満	60.1～90.0%
D	37未満	90.1～100.0%

出所：ERE（経済学検定試験）ホームページより、抜粋・加工

経済学部の学生にとって、必須科目というべき「ミクロ経済学」と「マクロ経済学」の習得度を明確に実感することは可能である。大学によっては、「EREミクロ・マクロ」の成績が一定のランクに達した場合、学部で開講されている「ミクロ経済学」や「マクロ経済学」の単位として認定する場合もある。[5] また、一部の大学院では、専門科目の

試験の代替として免除する場合もある。[6]

「ミクロ経済学」や「マクロ経済学」のような基礎的な経済学の理論についての習熟度や達成度をはかる客観的な指標としては非常に優れていると思われるが、「英語検定」や「簿記検定」のように一定以上の点数を収めることで「級」が認定されるものではなく、毎回偏差値で測られた「ランク」で判定されるため、学位授与方針である「質の保証」という意味では、若干不安定なものとなっている。さらに出題内容についても、経済学部生が「ミクロ経済学」や「マクロ経済学」を履修するのは通常、学部の2年生であるが、学部の2年生にとっては非常に難易度が高い問題が多く、通常の講義だけで好成績を収めることは相当難しいと考えられる。

通常の「ミクロ経済学」や「マクロ経済学」の講義以外に「ERE対策」の講義を開講するなどの措

3　ERE（経済学検定試験）ホームページより引用　http://www.ere.or.jp

4　「ERE」の受験者数が70人程度であるのに対して、「EREミクロ・マクロ」の受験者数は1000人程度である

5　長崎県立大学では、「ミクロ経済学」や「マクロ経済学」という専門科目の単位認定としてではなく、「行動科目」という検定試験を受験し、一定以上のランクを取得した学生には単位を認定している。『長崎県立大学：一定以上のランクを取得した場合は、「ERE」で2単位、「EREミクロ・マクロ」で1単位を「行動科目」として単位認定。学部生の有志による大学対抗戦への参戦が伝統に。』（EREホームページより抜粋）

6　学習院大学では、2008年度入学者より大学院経済学研究科の入試において、従来の筆記試験方式に加え、「ERE方式」を採用。「EREミクロ・マクロ」の成績が一定条件を満たした場合に、専門科目の試験を免除している

置が必要であると考えられるが、それぞれの大学のカリキュラムや教員の負担増などを考えると実現は難しく、特に教員数が限られている地方の国公立大学では難しいと思われる。本学の実例については次節において説明をおこなう。

「日経テスト」[7]（日本経済新聞社）

日経ＴＥＳＴ（正式名称「日経経済知力テスト」〔Test of Economic Sense & Thinking〕）は、２００８年９月に開始された日本経済新聞社と日本経済研究センターが主催・運営している経済知力（ビジネス知力）を測るテストである。経済知力（ビジネス知力）をＢ《基礎知識》、Ｋ《実践知識》、Ｓ《視野の広さ》、Ｉ《知識を知恵にする力（帰納的推論力）》、Ｄ《知識を活用する力（演繹的推論力）》の合計と捉え、ビジネスパーソンの客観的な経済知力の把握や自己研鑽、学生の就職活動対策を目的につくられたものであると説明している。[8]

出題分野は、「経済・ビジネスの基礎」、「金融・証券」、「産業動向」、「企業経営」、「消費・流通」、「法務・社会」、「国際経済」など非常に幅広い分野から出題されている。100問を80分で回答し、出題の割合は、「ビジネス知識」が60問（Ｂ《基礎知識》・Ｋ《実践知識》・Ｓ《視野の広さ》が各20問）、「考える力」が40問（Ｉ《知識を知恵にする力》・Ｄ《知識を活用する力》が各20問）となっている。

採点は100問で１０００点となっているが、１問＝10点という配点にはなっていない。日経テストのホームページでは次のように説明している。

『経済知力スコアとは、受験者の経済知力（ビジネス知力）の保有量を示したものです。１０００点を上限の目安として表示しています。経済知力スコアは、項目反応理論（ＩＲＴ）と呼ばれる統計モデルを使って算出しています。項目反応理論を用いることによって、受験者全体の能力分布や問題の難易度に影響されず、常に同じ尺度で受験者の能力を測定することができます。テスト結果から自分の実力レベルが分かり、次に目指すレベルが明確になります』[9]

表2は、日経テストの経済知力スコアのレベルである。日経テスト側は過去の受験者の点数結果[10]から、当初、経済学部の学部生レベルを500点〜550点程度が望ましいとしていた。しかし、これまで日経テストを受験した学部生の数は決して多いものではなく、しかも受験する学生は相当な経済知力を備えた、平均的な学部生と比較するとかなりレベルの高い学生であるため、500点というのは平均的な学

7　日経ＴＥＳＴには、年2回実施される「日経ＴＥＳＴ　全国一斉試験」以外にも、随時実施可能な「日経ＴＥＳＴ　企業・団体試験」や「日経ＴＥＳＴ　テストセンター試験」などがあるが、ここでは「日経ＴＥＳＴ全国一斉試験」のケースのみについて説明をおこなっている

8　「日経テスト」ホームページ（http://ntest.nikkei.jp）より抜粋、引用

9　「日経テスト」ホームページ（http://ntest.nikkei.jp）より引用

10　第1回〜15回の全国一斉試験受験者は８万９６７人であり、平均点は学生が479点、社会人が530点、全体が525点であると発表している。以前、ホームページ上では受験する学部生に対して「目指せ550点」と書かれていた

表2　日経テストの経済知力スコアのレベル

スコアの目安 上限（1000点）	能力評価のポイント
700点～	幅広い視野と高い知的能力を持った、高度なナレッジ・ワーカー。卓越したビジネスリーダーに成長できる可能性を持つ
600点～700点	企業人として必要な知識と知的能力をバランスよく備えた、状況対応力の高い人材。ビジネスリーダーとしての資質を有する
400点～600点	日常のビジネス活動を着実にこなすことのできる、実務遂行能力を備えた人材。複雑・高度な問題への対応力の強化がカギ
～400点	発展途上人材。知識を十分に蓄積するなど、今後の研鑽が求められる

出所：日経テストホームページより、抜粋・加工

部生にとってはかなり高いハードルであると思われる。

先述したように「経済・ビジネスの基礎」、「金融・証券」、「産業動向」、「企業経営」、「消費・流通」、「法務・社会」、「国際経済」など非常に幅広い分野から出題されている上、経済学とはほとんど関係が無いようなクイズ的な時事問題なども出題されているため、「経済学」の習熟度や達成度をはかる客観的な指標としては判断基準が非常に難しいと思われる。従って、学位授与方針である「質の保証」という意味でも、判断が難しいと思われる。

また、出題範囲が広いうえに、過去問及び正解が非公開[11]なため試験対策が非常に難しく、通常の講義や新聞を読むだけで好成績を収めることは相当難しいと考えられる。

本学の実例については次節において説明をおこなう。

「ニュース時事能力検定試験（N検）」（日本ニュース時事能力検定協会、毎日新聞社）

ニュース時事能力検定（N検）とは、２００６年に発足し、

２００７年９月より実施されている特定非営利活動法人日本ニュース時事能力検定協会、（株）毎日教育総合研究所並びに全国の新聞社や放送局が共催している検定試験である。ニュース時事能力検定（N検）のホームページでは検定試験の内容を次のように説明している。

『新聞やテレビのニュース報道を読み解くための「時事力」を認定するもので、「時事問題」の理解に欠かせないキーワードや、社会の仕組みと流れについての知識を１級から５級の６段階に分けて測定する唯一の検定試験です』[12]

「経済学検定試験（ＥＲＥ）」や「日経テスト」とは異なり、「簿記検定」などのように成績の結果が明確な６段階の級で区別されている。検定内容や各級の目安などは表３のように示されている。日経テストが主にビジネスマンを対象にしているのに対して、ニュース時事能力検定（N検）では小学生から大学生までという学生を対象にした検定試験となっている。大学生は準２級から１級までが到達目標のガイドラインとなっており、２級～５級までは四肢択一であるが、１級では四肢択一に

11　日経テストの過去問題については、２冊の問題集が発売されており、ホームページ上でも毎週、練習問題が解説付きで掲載されているが、出題範囲が広いうえ、最新の時事問題に関しては対応が難しく、試験対策という点では、他の検定試験に比べると試験対策用の問題集や参考書が非常に少ない

12　「ニュース時事能力検定試験（N検）」ホームページ（http://www.newskentei.jp）より引用

表3　「ニュース時事能力検定試験（N検）」の内容

各級の目安

級	レベル	受検対象の目安	程　度
1級	★★★★★★	大学生･一般	新聞の社説レベルの記事も読み解き、社会や自分の新たな課題を設定できる。
2級	★★★★★	高校生･大学生･一般	ニュースを批判的に読み解き、自分なりの意見を導ける。
準2級	★★★★	高校生･大学生･一般	さまざまなニュースを、現代社会の諸問題と関連づけて理解できる。
3級	★★★	中学生･高校生	基本的なニュースを、社会の仕組みの中に位置づけて理解できる。
4級	★★	小学校高学年･中学生	新聞やテレビのニュースに関心を持ち、自分の暮らしと結びつけて考えられる。
5級	★	小学校中高学年･中学生	国内を中心に、社会のルールやできごとに関心を持つ。

検定内容

検定時間	各級50分
設問数	各級45問
出題形式	1級　：四肢択一(マークシート)、一部記述 2～5級：四肢択一(マークシート)

合格基準　※配点は非公開です

1級	80点程度/100点満点
2級～5級	70点程度/100点満点

出題範囲

各回、検定日の約1カ月前までのニュースを、
[政治/経済/暮らし/社会･環境/国際]の五つの領域から出題します。

なお、2016年度版公式テキスト･問題集には平成27年1月から平成28年1月末までのニュースを中心に収めており、2級～4級の検定問題は各回約6割がその内容から出題されます。

到達目標級のガイドライン

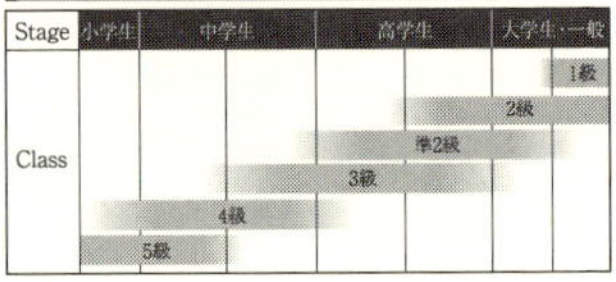

出所：ニュース時事能力検定試験（N検）ホームページより、抜粋・加工

加えて、一部記述式の問題が出題されている。出題範囲も「政治、経済、暮らし、社会・環境、国際」という5つの領域から出題され、ホームページ上では毎日練習問題が掲載され、過去の問題もある程度公開されている。また、公式テキストや問題集、オンライン上での「時事トレ」というレッスンもあり、テスト対策という意味では充実している。そのため、推薦入試における優遇措置として「ニュース時事能力検定試験（N検）」を利用している大学も少なくない。

　しかしながら、級によって難易度が異なるとはいえ、時事問題や一般常識という側面が強いため、この検定試験によって「経済学」の習熟度や達成度をはかる客観的な指標としては不十分な面も見受けられる。従って、学位授与方針である「質の保証」という意味でも、日経テスト同様、判断が難しいと思われる。

そのほかにも、「語彙・読解力検定」（朝日新聞社とBenesse）なども挙げられるが、「経済学士」としての学位授与方針である「質の保証」という意味では一部の能力しか判定できないため、総合的な意味での客観的指標としては不十分である。

3　本学での実例（EREと日経テスト）について

以下では、本学で実施している「経済学検定試験（ERE）」と「日経テスト」の実情について説明をおこなう。

「経済学検定試験（ERE）」

本学では平成17年度より「経済学検定試験（ERE）」を年2回、希望者を募って委託会場として実施している。当初は「ERE」しかなかったが、「EREミクロ・マクロ」が実施されるようになってからは、「EREミクロ・マクロ」のみ受験するようになった。「ERE」も「EREミクロ・マクロ」もB判定以上の場合には「行動科目」として1単位が認定される。また、非常に好成績（A+判定以上）を収めた場合には大学に申請することにより、「ミクロ経済学」や「マクロ経済学」の単位として認定するという事になっているが、実際に申請が行われた例はない。その理由としては次の理由が考えられる。本学の「ミクロ経済学」と「マクロ経済学」の配当年次は2年生となっている。しかしながら、2年生の時点でA+判定以上を取得するのはほぼ不可能であり、A+判定以上を取得したときには、既に本学の「ミクロ経済学」と「マクロ経済学」の単位を取得済みの状況である。そのため、A+判定以上を取得したとしても既に単位は取得しているためわざわざ申請する必要がないのである。

先述したように、「EREミクロ・マクロ」は通常の講義だけでは対策が難しく、教員の負担などの問題から大学を挙げて対策をおこなうことができず、受験者が非常に限られている。[13]

公務員試験にはある程度有効であり、就職活動の際にも履歴書に「EREミクロ・マクロ」の結果を記載し、面接の際での自己PRなどで活用している。一般の民間企業においては、「経済学検定試験(ERE)」の認知度が低いため、すぐに理解してもらえることは少ないが、どのような検定試験であるかを説明することで自信もつき、「経済学」の基礎理論である「ミクロ経済学」や「マクロ経済学」の習熟度がどれくらいあるのかを自分ではっきり認識することが可能である。そして受験することで達成感を得ることができるという意味では、上述した他の検定試験よりも客観的な指標として「質の保証」という意味でも適していると思われる。しかしながら、当然、「経済学」は「ミクロ経済学」や「マクロ経済学」だけではなく、様々な専門分野があり、さらに、経済学を学ぶ学生として最も重要なことは、その理論を背景にして「何が問題で、その問題を解決するためにはどうすればよいのか」という「PBL(Project-Based Learning):課題解決型学習」である。その習得度を測るには「経済学検定試験（ERE)」だけでは無理であり、総合的な意味で学位授与方針である「質の保証」をすることはできないと思われる。

「日経テスト」

本学では平成28年度からの学部学科改組に伴い、平成28年度の入学生から「日経テスト」が進級要件並びに卒業要件となっている。そのために、1年次の後期から「新聞で学ぶ経済Ⅰ」などの具体的な日経テスト対策の講義が開講されている。講義の目的は、新聞を読むことで時事問題に興味を持ち、課題を見つけ解決策を考えるという「PBL（Project-Based Learning)：課題解決型学習」による「経済知力」の育成であるが、新聞を読むだけでは進級要件や卒業要件となる日経テストの点数を全員がクリアすることは非常に難しいと考えられる。

日経テスト対策としては、過去の問題集でも対応可能な問題について学習し、時事問題については試験の出題範囲が似ている「ニュース時事能力検定試験（N検)」のテキストやホームページ上で公開されている最新の時事問題を解くことが望ましいと考えられるが、どの程度の効果を発揮するのかは未知数である。

また、「スクラップブックの作成」は非常に教育効果が高いと思われる。電子版のスクラップブック

13　実際には筆者のゼミ生のみで受験しているケースがほとんどである

もあるようだが、直接、新聞記事を切り貼りしてスクラップブックを作成するほうが学習効果は高いと思われる。
まだ、学部学科改組後の入学生が日経テストを受験していないため、どの程度の成績を獲得するかは不明であるが、進級要件並びに卒業要件となっているため、条件に達していない学生をどのように指導すべきなのかという問題や救済措置（セーフティーネット）を講じるかどうかについて今後検討すべき点が残っていると思われる。
本学では、「日経テスト」を進級要件並びに卒業要件として設定するために必要な基本となる情報を得るため、著者のゼミにおいて2年間にわたって『「日経新聞を読む」プロジェクト』を実施した。以下はその内容である。

矢野ゼミにおける『「日経新聞を読む」プロジェクト』の内容
（実施期間　平成25年7月～平成27年5月現在まで）

《平成25年度》
7月1日より矢野ゼミに所属する2年ゼミ生（11名）と3年ゼミ生（14名）の合計25名が日経新聞購読開始（契約期間1年間　モデルケースとして費用は大学が負担）

【各自のノルマや日経テスト対策の内容】

・スクラップブックの作成を各自で行い、毎週金曜日のゼミの時間に持参し、担当教員のチェックを受けた。（後に、「学生同士でお互いにスクラップブックを見たい」という学生からの申し出により、ゼミの時間に学生同士でスクラップブックの見せ合いをしてチェックをするようになった。さらに、何人かはお昼時間等を利用して集まり、スクラップブックを一緒に作るようになった）

・月末には『「日経新聞を読む」プロジェクト　月別報告書』（別紙参照）を提出。

・ゼミの時間には毎回約30分程度を使って、順番に2名の学生に自分が選んだ日経新聞の記事を全員の前で説明させ、必要に応じて教員が解説をおこなった。

・特に重要であると思われる時事問題については、グループディスカッション等をおこなった。

・夏季休業期間中には教員が作成した『なつやすみの友』に従って、毎日、スクラップブック作成のチェックと日経テストの過去問を10問ずつ解かせるようにした。（日経テストの過去問については各自「日経ＴＥＳＴ公式練習問題１・２」を持っているのでそれを使用）

《平成26年度》

【各自のノルマや日経テスト対策の内容】

・スクラップブックの作成を各自で行い、毎週金曜日のゼミの時間に持参し、担当教員のチェックを受けた上で、学生同士でお互いにスクラップブックをチェックした。（ただし、日経新聞の購

日経テスト受験者数（矢野ゼミ分）

	平成25年度	平成26年度	平成27年度
6月実施分	（受験せず）	34名 ・３年生　20名 ・４年生　14名	17名 ・３年生　14名 ・４年生　3名（注）
11月実施分	25名 ・２年生　11名 ・３年生　14名	34名 ・３年生　20名 ・４年生　14名	

注）平成27年度の４年ゼミ生は20名であるが、就職活動が後倒しになったため、日経テストの６月実施分については希望者のみとした

読契約の切れる7月まで。それ以降は実施せず）

・月末には『「日経新聞を読む」プロジェクト　月別報告書』を提出させた。（ただし、日経新聞の購読契約の切れる7月まで。それ以降は実施せず）

・ゼミの時間には毎回約30分程度を使って、順番に2名の学生に自分が選んだ日経新聞の記事を全員の前で説明させ、必要に応じて教員が解説をおこなった。

・特に重要であると思われる時事問題については、グループディスカッション等をおこなった。

・1ヶ月に一回程度、ゼミの時間に日経テストやN時検定（ニュース時事検定）の過去問をまとめて解くようにした。（平均30問程度）

日経新聞の購読は1年間の契約であったため、その契約が切れた後は、日経テストを受験した経験に基づいて、各自の判断でスクラップブックの作成や日経テスト対策をおこなうように指導した。

《平成27年度》[14]

【各自のノルマや日経テスト対策の内容】

・日経新聞の購読については、大学の図書館等を利用し、毎日目を通すように指導した。
・ゼミの時間には毎回約30分程度を使って、順番に3名の学生に自分が選んだ日経新聞の記事を全員の前で説明させ、必要に応じて教員が解説をおこなう。
・ゼミの時間に毎回日経テストやN時検定（ニュース時事検定）の過去問を30分程度使って解くようにした。
・特に重要であると思われる時事問題については、教員が解説し、グループディスカッション等もおこなった。

4　教育効果における客観的な「質の保証」は可能か

本学だけでなく、立正大学（東京都品川区）経済学部では2014年度から日本経済新聞社と連携し

14　平成27年度の4年生は1年間日経新聞を購読し、日経テストを複数回受験した経験があるが、3年生は全員今回が初めての経験であった。平成27年度は過去2年間（平成25年度と平成26年度）のような手厚い日経テスト対策を実施しなかったが、日経テストを受験した4年生の経験談に基づき、出来るだけスクラップブックの作成や日経テスト対策を各自で行うように指導した

「月別報告書」

「日経新聞を読む」プロジェクト　　月別報告書

（平成　　年度　　月分）

学籍番号　　　　　　　　　　氏名

今月のスクラップの出来具合は？

（　とても満足　　満足　　普通　　やや不十分　　かなり不十分　）

感想

工夫した点（アピールポイント）

反省点（改善点）

「なつやすみの友」

平成25年度　矢野ゼミ

なつやすみの友

学籍番号

氏名

8月29日(木)　　（　天気：　　）

チェック事項	チェック欄
スクラップブック作成	
日経テスト練習問題を解く	

毎日少しずつやりましょう。

日経テスト問題　（公式練習問題2）

練習問題Ⅰ　基礎知識(Basic)　Q21～Q30

問題	答え	問題	答え
Q21		Q26	
Q22		Q27	
Q23		Q28	
Q24		Q29	

た授業「『日経電子版×iPad mini』で経済を学ぶ！」を開講している。各大学とも経済学部生の客観的な「質の保証」と学習効果を測るために様々な方法を模索している。

これまで説明してきた「経済学検定試験（ERE）」や「日経テスト」などはその指標の一つとして検討されている。しかしながら、経済学部生に求められる、学位授与方針（ディプロマ・ポリシー）とは「検定試験」なのであろうか。

これまでゼミにおいて「経済学検定試験（ERE）」や「日経テスト」を実施してきたが、「検定試験」の上位者＝就職活動で好成績とは必ずしも限らなかった。「就職率を高める」ことや「より良い就職先に就職する」ことが最終目標であり、教育効果であるとするならば、自らの経験からも明らかなように「検定試験」はそれを保証するものでは決してないのである。

「就職率を高める」ことや「より良い就職先に就職する」ためには「コミュニケーション能力」や「ディスカッション能力」は必要不可欠である。単純に資格試験の点数のみで教育効果を測るのではなく、資格試験を受けるための下準備において積極性（やる気）やコミュニケーション能力やディスカッション能力を高めることが重要である。そのために授業における工夫や改善が必要であると思われる。

主たる教育効果（目標）は、「積極性」、「ディスカッション能力」、「課題解決能力」などの育成であり、「資格試験の受験」や「資格試験の点数」はあくまでも手段の一つでしかなく、「従」の立場でなければならないと思われる。

（主）	（従）
「積極性」「ディスカッション能力」	資格試験の受験
「課題解決能力」	資格試験の点数

また、これまでの大学の多くの講義でおこなわれている単なる講義形式で資格試験対策をおこなうのではなく、一種の「ＰＢＬ（Project-Based Learning）：課題解決型学習」形式でおこなうほうが教育効果は高いと考えられる。すなわち、「教員」対「学生」よりも、「先輩」と「後輩」、「同学年同士」で取り組ませるほうが教育効果としては効果的な場合が多いのである。

具体的にはスクラップブックの作成について学生同士が工夫をしながら内容を充実させ、検定試験に出そうな記事や話題を調べて説明・議論しあうのも非常に有効な手段であると思われる。このことは単に資格試験の点数を上げるという事が目的なのではなく、「積極性」、「ディスカッション能力」、「課題解決能力」を高めることが目的である。

そのために教員がどのような指導をすればよいのかという事についても教員相互間で情報共有や議論をおこなう必要があると思われる。

本学では、他大学に先駆けて非常に厳しい進級要件や卒業要件を資格試験の点数で設定することで客観的な教育効果を図り、経営学士、経済学士として客観的な学位授与方針（ディプロマ・ポリシー）

となる指標や学習到達度をはかろうとしている。点数設定を厳格にすることの是非については今後の結果を見ながら検討する必要があると考えられるが、点数はあくまでも目安として、いかにして「経済知力」や「人間力」を高められるか、そのために各種検定試験などをどのように活用するのかがこれからの経済学系の大学にとって重要なことではないかと考えられる。

参考文献

長崎県立大学ホームページ　http://sun.ac.jp
ERE（経済学検定試験）ホームページ　http://www.ERE.or.jp
「日経テスト」ホームページ　http://ntest.nikkei.jp
「ニュース時事能力検定試験（N検）」ホームページ　http://www.newskentei.jp

地方大学における実践的な経営学教育

新川　本

長崎県立大学の学部学科再編に伴う経営学部設置における経営学教育を考察する。

1　経営学教育

日本学術会議の報告書『大学教育の分野別質保証のための教育課程編成上の参照基準　経営学分野』（平成24年8月31日公表）の要旨をもとに経営学についての基礎的考察を行う。

まず、経営学の定義を以下のように規定している。

「経営学は、営利・非営利のあらゆる「継続的事業体」における組織活動の企画・運営に関する科学的知識の体系である。営利・非営利のあらゆる継続的事業体の中には、私企業のみならず国・地方自治体、学校、病院、NPO、家庭などが含まれる。また、企画・運営に関する組織活動とは、新しい事業の企画、事業体の管理、その成果の確認と改善、既存事業の多角化、組織内における各職務の諸活動である。これらの諸活動を総体として経営と呼ぶ」

この定義から読み取れることとして、現代において経営学を学ぶということは、単に営利組織である企業経営についてのみではなく社会全体の活動を理解するために必要な学びであるということである。

また、経営学固有の特性として次の3つの視点が確立しているとしている。

「第一の視点は、営利・非営利の継続的事業体を俯瞰的に見る視点であり、「経営者の視点」あるいは「経営主体の視点」と言われるものである。

第二の視点は、組織を構成する各職能の管理者の視点であり、それぞれの職能単位組織の課題を効率的に解決するものである。

第三の視点は、営利・非営利の継続的事業体の活動を社会全体の発展と関連づけて点検する視点である。営利・非営利の継続的事業体はそれを取り巻く社会と相即的に発展する必要があり、社会秩序全体との整合性を自己点検する必要がある」

このように経営学は、営利・非営利を問わず社会に存在する継続的事業体を「経営者の視点」、「管理者の視点」、「社会秩序全体との整合性」という視点から考察することが求められている。

さらに報告書［2012］は経営学を学ぶ学生が身に付けるべき素養として以下のようなことを述べている。

「経営学を学修した者は、営利・非営利の継続的事業体がどのような論理で、どのような意思決定を行い、どのような結果になったかを理解し、説明することができる。さらに、継続的事業体が直面している諸問題の構造を分析し、それに対処する最適な行動を提示することができる。継続的事業体を実際に管理する知識を身に付け、それを実践できる能力を習得している。

経営学を学んだ学生が身に付ける専門的能力としては、たとえば、継続的事業体を企画し運営することができる、その資金の流れを把握し、その活動結果を貨幣的に測定することができる、顧客のニーズを把握し、求められる商品を開発することができるなどの諸能力が挙げられる」

これから、経営学を学んだ学生には、理論、課題解決能力、知識をもとにした実践力を習得し、経営学分野の専門的能力として企画・運営、簿記・会計、マーケティングなどの能力を身につけることが求められている。

学修方法としては、「講義は、経営に関する古典的な知識や最先端の理論を学修する上で基本的な学修方法である」としている一方で、「実践に近い学問として、現場で考え、経験から知識を身に付ける実習・現場教育も経営学では効果的な学修方法である」としている。この点から表題で掲げている「実践的な経営学教育」が現在、求められていると理解すべきである。

では何を以て、このような学修方法で学生が身につける能力を獲得したのかを評価すべきなのか、報告書［2012］では次のように述べている。「経営学における教育結果の評価方法は、教育目標、知識のレベル、教育方法などにより異なっている。知識習得の程度が評価される場合もあるし、知識やスキルを使いこなして、ある課題を一定水準まで達成することが評価される場合もある。あるいは認識の深さや鋭さ、ユニークな着想が評価される場合もある」としている。このように経営学分野においては、簿記や経営情報学などのように全国的な検定試験によって客観的に評価できるものもあれば、卒業論文のようにその着想、論理性、分析力、学術論文としての作成ルールなど多面的な評価基準があり、何を重視するかにより、最終評価が異なるものやインターンシップや研修などでは現場の観察や質問など、また「体験する過程において、学生が何をし、何を感じ、何を考えたのかということこそが重要な評価の要素である。本人の事後的なふり返りや省察も重要な手掛かりとなる。そこでも、一律の評価尺度や達成すべき水準の指標は多くの場合は存在せず、どの要素をどう評価していくかは、深い知識を持った評価者の高度な評価・判断能力に依存することになる。教育内容が高度になる限り、評価が評価者の判断能力に依存する割合が多くなるのは避けられず、これは評価自体の限界といえよう」としている。

最後に、経営学という学問分野については日頃から、現代社会において専門性は有しつつも、その内容を鑑みると社会人としての教養としての側面を持つ分野であると考えてきたが、報告書［2012］においても「市民性の涵養をめぐる専門教育と教養教育の関わり」として、次のように述べている。

「経営学は営利・非営利のあらゆる継続的事業体と社会との整合性を調整する学問であり、その限りにおいて、自然の摂理、人間の本質、社会正義などに関する深い洞察を必要とする。したがって、経営学は教養科目を基礎とすると同時に、それらの知見を営利・非営利の継続的事業体の観点から再構成することにより、経営学自体が教養科目としての意義を持っている」。

経営学を学ぶためには幅広い教養や深い洞察が必要であり、そこで得た知見を経営に反映させることが求められている。

このように、日本学術会議報告書『大学教育の分野別質保証のための教育課程編成上の参照基準経営学分野』［2012］の要旨から以上のような点が読み取れる。

ここまで経営学についての基礎的な考察を行ってきたが、現代における経営学教育について、次に述べる。報告書［2012］においても指摘されているように、経営学分野において学ぶ者が身につける必要があることは、経営学の理論や知識とそれをもとにした実践あるいは応用、経営学以外の教養や知識を経営に活かす能力などである。すなわち、これまでの座学中心の講義に加えて、インターンシップなどの実践的な教育の場での学びが必要とされる。

2　先行事例

これまで述べてきたようなことから、国内の大学において改革がなされてきている。次の2つの大学の改革事例を検討する。

まずは立教大学経営学部の改革事例（立教大学経営学部ＨＰ）である。経営学部には経営学科と国際経営学科が設置されている。その各々の特長として以下のような点が挙げられる。

経営学科においては、ビジネス・リーダーシップ・プログラム（ＢＬＰ）を実施している。その内容としては、「1年春学期の「リーダーシップ入門」をスタートとして、3年生春学期のＢＬ4まで、5学期2年半にわたって行われます。リーダーシップを学ぶために、プロジェクト実行とスキル強化を交互に実施することが特色です。プロジェクト実行の学期に自分で気付いた長所を、次のスキル強化の学期で集中的に伸ばし、短所を補い、またその次のプロジェクト実行の学期に自分でチェックできるというサイクルになっています」となっている。

国際経営学科においては、バイリンガル・ビジネスリーダー・プログラム（ＢＢＬ）を実施している。その内容としては、「英語で経営学を学習できる力をつけることをねらいとしています。ＢＢＬには"Overseas EAP" "EAP 1" "EAP 2" "ESP" "Business Project"といった科目が開講されており、英語で展開される専門科目と有機的に関連しています。国際経営学科では、専門教育科目のうち7割の科目はすべて英語で講義されます」となっている。

このような立教大学経営学部のＢＢＬおよびＢＬＰの事例は、文部科学省（著）『大学教育の質的転換にむけた実践ガイドブック』に教育実践として紹介されている。

次に九州産業大学経営学部の改革事例である

九州産業大学では、経営学部のカリキュラムポリシー（九州産業大学カリキュラムポリシー）として次のように挙げている。

『「産学一如」の人材育成のため、（1）経営学の理論と実践を統合した先進的なカリキュラムを基盤に、（2）分野別コア科目を中心とした（3）順次的・体系的な科目編成を行い、（4）学生の意欲・能力に応じた科目履修が可能となる（5）少人数教育の課程を構築する。その運営は、（6）学生一人ひとりの長所を伸ばす学部教員一体の体制により行う。教育課程の中核は全学年・全セメスター開講のフルゼミナール体制と独自の特別コースである。国際ビジネスコース（国際経営学科）ではグローバルな視野と言語能力を育む実践的な演習を通じて、事業開発コース（産業経営学科）では商品開発や地域貢献等の実践活動を通じて、会計コース（両学科）では会計の専門的訓練を通じて、学部・学科の人材育成目標を目指す。以上の専門教育課程は全学共通基礎教育・外国語教育と連動して展開される。

経営学部の教育の特色は、ゼミナールやPBLなど、学生に能動的な学修を促す全学年一貫のアクティブ・ラーニングである。また、授業計画のシラバスへの明記、GPAによる成績評価とともに、単位の実質化をはかる』としている。

この中で産業経営学科事業開発コースは「起業に関する知識はもちろん、ビジネスプラン作成や、経営者との交流を通じて、新しいビジネスを起こすことができるようになる」としている。認証評価の成果として「経営学部産業経営学科の事業開発コースでは、企業等との連携による実践的授業が行われており、大学50周年記念ワインの開発・販売、学生証を利用した独自の決済システムの完成（平成22年経済産業省『社会人基礎力育成グランプリ九州大会』準優秀賞）、香椎商店街活性化プロジェクトの推進（株式会社日経BP主催『西日本インカレ２０１０』における「日経ビジネス賞特別賞」受賞）として具体的な成果に結びついている。これは、貴大学の建学の理想「産学一如」の実現のための取り組みとして評価できる」と記載されている。

特に50周年記念ワインの開発・販売に関しては、開発・生産を九州産業大学工学部および外部企業と協力し、完成・販売に繋げている。

これら2大学の事例を見ると、日本学術会議報告書において指摘されている、「経営学の理論や知識とそれをもとにした実践あるいは応用、経営学以外の教養や知識を経営に活かす能力など」や「実践的な教育の場での学び」が実践されている。しかし、この2大学はそれぞれ東京と福岡という都市部に位置する大学であり、企業数が多く、公共交通機関等が整備されていることにより、学生がインターンシップを経験することも容易であり、企業や地域社会とのプロジェクトなどの実践も比較的容易に行える環境にある。また、企業にとっても継続的に連携しやすいという特長がある。では、地方に立地している大学における実践的な経営学教育とはどのように考えれば良いのか。

3　地方大学における経営学教育

筆者はこれまで、経済学部流通・経営学科において、演習科目や「経営学総論」、「経営組織論」等の経営関連科目、また非常勤として長崎大学経済学部で「経営管理論」を担当してきた。

経営学への導入として、カップ麺において、同一商品でありながら、西日本と東日本では出汁の種類を変え、カップに（W）、（E）との記載をして区別していることを、実際の商品を学生に提示し、その違いを発見させた上で、なぜこのような商品を販売しているのかということを考えさせて、企業活動への興味を持たせることを行った。

また、多くの科目において、実際の企業活動を紹介する手段として、従来から行われている新聞記事を題材としたプリント配布だけでなく、企業ＨＰを実際に表示しリアルタイムに企業活動の状況を理解させることを行っている。

このような事例は、実際の企業活動、経営活動を理論的に説明するという観点と理論を実際の企業活動の中に見出すという側面を持っている。このことにより、単に経営学の理論を理論のままで理解するのではなく、現実社会の身近な生活の中に存在しているということを理解させることを目的としている。

また、「経営組織論」においては、組織というものが現代社会においては日常に組み込まれているということを理解してもらうために、大学でのクラブ活動、サークル活動やアルバイトなどを具体例として出すことにより、理論を理論として理解するのではなく、実際に役立つ分析方法であるという気づきを得られるようにしている。また、近年、経営学が扱う範囲が単に営利企業のみではなく、非営利組織も含むさまざまな組織を対象としていることも理解させるように取り組んでいる。

さらに専門演習においては、地元の商工会議所からの依頼で地元商店街の通行量調査を行った上で、経年変化から商店街の状況分析、若者を呼び込むための方策を検討し、学生の代表が商工会議所で報告を行っている。

経営学を学ぶことで、日常生活において遭遇しているさまざまな事象を説明することが可能になると言える。現代社会において、企業をはじめとしたさまざまな組織と無縁に生活することは不可能であり、大学卒業後は何かしらの組織に所属するあるいは組織と関係していくことになる。その視点に立てば、経営学を学ぶということは、中央の大学だから必要なわけではなく、地方の大学においてもその重要性は同等であると言える。すなわち、経営学は現代の学としての教養であると言える。

長崎県立大学は平成28年4月より学部学科の再編を行い、佐世保校の経済学部を経営学部および地域創造学部へと再編した。経営学部には経営学科と国際経営学科が設定されている。

この学部学科再編に際し、筆者も経営学部および両学科の3ポリシー（ディプロマ・ポリシー、カリキュラム・ポリシー、アドミッション・ポリシー）の策定作業に携わった。報告書［2012］の内容を基礎にしつつ、地方公立大学の経営学部のあり方を検討した。長崎県立大学として公表されている3ポリシーはこの「参照基準」の内容を相応していることが読み取れる。しかし、ここに記載されている内容を具現化させるための方策をさらに検討し続けることが必要である。

18歳人口の減少予測では、九州の中でも、この長崎県の減少率が高く予測されている。それゆえ県内人口増のためにも若者の定着が必要とされている。そのためには受け皿となる活発な企業の存在が求められる。政府による「地方創世」やCOC＋の取り組みにおいても地方大学には地元活性化のための地元就職率の向上が求められている。学部学科再編前の経済学部の県内就職率は、ここ数年、22～24％の水準である。これは約6割の学生が県外出身者であり、出身地での就職を多くの学生が希望していることの現れと考えられる。COC＋において求められる県内就職率10％増大という目標の実現は容易ではない。

経営学部への再編により、県外出身学生が長崎県内で就職をしようと考えるような魅力的な企業の育成や卒業生が長崎県内で起業できるような教育を行う「起業家育成コース」などを経営学科に設定することが考えられる。[1] また、起業したいと考える学生を支援するようなインキュベータ機能を大学に設置するなどの検討が必要である。

二つ目は、学部学科再編以前よりPBL型の活動が行われてきている。このPBL型の教育プログラムを強化していくことも考えられる。2年次生全員を長崎の離島に連れて行く「しま体験教育プログラム」が全学共通の必修科目として開講されている。また、流通・経営学科において、県内の陶磁器産地活性化のためマーケットリサーチをPBLとして複数のゼミナールが共同で取り組んだ活動、国民宿舎「くじゃく荘」の経営再建をテーマに市場調査やヒアリングを行い、報告書をまとめた活動、平戸市の「道の駅」活性化を依頼されて取り組んだ活動など、これまでかなりの実績がある。このPBL型教育として、今回の学部学科再編においては、経営学部経営学科の「地域と企業演習」や「地域における経営実践」という実践科目を設定している。この実践科目にこれまでの経験をいかに連携させるような仕組みを作るかが検討課題といえる。すでに近隣市町村や商工会議所と連携協定を結ぶなど、実践の場の確保も進めているが、そこで何をするのかを検討することが継続につながる。

これらの取り組みは学生と教員が大学を出て、地域へ入っていく取り組みである。18歳人口減少のみならず少子高齢化が進行して、国や地方自治体の予算に限界があるなか、地域や家庭を支えていくうえで市民との自主的なつながり・取り組みがますます重要になっている。このような自主的な取り組みの中心として活動できるような存在として、大学を中心とした学生・教員と地域の人々が連携して地域の諸問題に取り組んでいくことが求められている。このような取り組みを行っていく際に、組織化し、マネジメントし、成果を出すことが求められる。経営学はこのような活動を行うための知識やその必要性・有用性を学ぶのである。NPOに代表される非営利組織は現代社会において、必要不可欠な組織形態となっている。非営利組織の課題を大学の授業でもしっかりと学ぶことができる工夫

1　起業家育成プログラムの必要性、およびNPOに関する教育については三戸浩経営学部長に示唆を受けました。記して感謝いたします

が必要である。

国際経営学科においては「海外ビジネス研修」の内容として、グローバル化の進む現代社会において求められる能力を磨くための海外での企業インターンシップに加えて、ＰＢＬ型研修として現地でのマーケティング調査など２年次での「しま体験教育プログラム」経験を活かして行うことも可能である。また、長崎県立大学は先行事例で挙げた２大学とは異なる立地であるが、佐世保という外国人居住者が多く、米国海軍基地のある立地を活かした実践の場として基地内大学の活用や佐世保の商店街における外国人対象のマーケティングなどのＰＢＬ型の研究などの検討を行うことも必要である。

４　まとめ

地方大学における実践的な経営学教育というテーマで検討してきたが、いまいちど経営学分野の持つ専門性と教養の側面について検討することにより、地方あるいは都市部という対比よりは、経営学教育自体の必要性を述べる。

報告書［２０１２］では、「市民性の涵養をめぐる専門教育と教養教育との関わり」として、次の２点を挙げている。

一つは、「市民性の涵養と経営学教育」である。「経営学を学ぶことは、それ自体、市民性を涵養し、良き市民としてふるまうことを可能にする側面を持っている」と述べている。

これは何を意味するのであろうか。

経営学を学ぶことにより、現代社会において主要な行為主体の一つである営利・非営利の継続的事業体について深く理解しているので、自然環境破壊や健康被害など社会正義から逸脱していないかを点検することが可能である。また、自然環境破壊などへの対応を、ビジネスを通して解決するようなビジネスモデルの構築や新製品の開発など経営学を学んだ者には比較的容易に実行できる。さらに企業が倫理規範を逸脱したり、反社会的な行動をとった場合、経営学の知識を活かして良き企業市民として行動することを求めることも可能である。「したがって、経営学を学ぶことは、良き市民としてふるまうための知、良き市民社会を造るための知を獲得することになる」といえる。

さらに地方大学であっても経営学を学ぶことの主要な意味として、すでに述べているが「経営学教育と教養教育」という視点を持つことも重要である。

すでに述べているが、経営学を学ぶには、経営学の専門知識のみではなく、幅広く人間、社会、自然などの教養の知識を学ぶ必要がある。経営学の主たる研究対象である営利・非営利の継続的事業体は、そのもの自体が現代社会を構成する主要な行為主体であり、私たちの生活に直接的に間接的に関わってくる存在である。すなわち、営利・非営利の継続的事業体は社会の変化に適応し続けることが求められている。そこでは経営者が常に社会や人々の関心の変化に対応することが求められる。そのためには経営のみならず幅広い知識や深い洞察力が求められることになる。

また、「継続的事業体の存在意義を市民社会の中においてとらえ直すとき、自然界の法則、人間の本質、社会の成り立ち、歴史・文化・宗教など人間が生活する上で必要な基本的諸条件を明らかにする教養教育は、経営学を学んだ者が市民として適切に社会の中で活動するための基礎的条件である」と報告書［2012］では述べている。

さらに、「グローバル化が進展している現代の社会で、継続的事業体を取り巻く状況は大きく変容している。異文化の中で生きる人々の考え方や行動を理解したり、そういう人たちとコミュニケーションをとったり、環境や資源の制約が継続的事業体の活動にとって持つ意味を考えながら、グローバルに活動を展開することが必要になっている」時代にこそ、経営学の専門知識のみではなく教養教育が重要になってくる。

経営学が営利企業である私企業のみに適応されるものではないことはすでに述べているが、現代社会において、継続的事業体を運営・管理する経営者の存在は非常に重要である。経営者は日々変化する環境に適応して行くことにより、事業体を継続させることが可能になるのである。そこには営利あるは非営利の境はなく、経営学の知識はあらゆる継続的事業体の経営に必要とされているのである。すなわち、「新しい事業を企画し運営するのは、単に私企業の起業家のみならず、NPOあるいはNGOなど多様な事業体の経営者である。組織が成熟化した社会では、経営者職能は私企業に限定されずあらゆる組織に汎用化され、営利組織における経営がNPOや行政組織などの非営利組織においても生かされるようになる」と報告書［２０１２］でも述べている。

このように考察してみると、地方大学での経営学教育については、経営学自体が教養的意味合いを持つようになっており、現代社会において必須であると言っても過言ではなく、重要性が高いといえる。

実践的な経営学教育については、本来的に、理論と実践という視点での教育がなされるべきであるという考えがある。そこで地方においてはその機会を教育機関側が努力をして提供することが必要であると考える。その挑戦を長崎県立大学は行っているといえる。

参考文献

経営関連学会協議会、『新しい経営学の創造』中央経済社、２０１４
日本学術会議の報告書『大学教育の分野別質保証のための教育課程編成上の参照基準　経営学分野』（平成24年８月31日公表）http://www.scj.go.jp/ja/info/kohyo/pdf/kohyo-22-h157.pdf（２０１６・10・10）
立教大学経営学部ＨＰ　http://cob.rikkyo.ac.jp/（２０１６・11・４）
九州産業大学ＨＰ　http://www.kyusan-u.ac.jp/guide/（２０１６・11・４）
九州産業大学カリキュラムポリシー　http://www.kyusan-u.ac.jp/guide/publication/pdf/h28/gakusoku_daigaku.pdf#page=19（２０１６・11・４）
長崎県立大学ＨＰ　http://sun.ac.jp/disclosure/policy/business/（２０１６・11・４）

海外ビジネス研修の取り組み

岩重聡美

はじめに

長崎県立大学（以下、本学とする）は、2016年4月に新たな学部・学科へと生まれ変わった。新生　経営学部　国際経営学科では1年次にフィリピンセブ島における語学研修さらに3年次においては海外でのビジネス研修を教育プログラムの一環として、学生に義務付けている。

本学が実施している海外ビジネス研修とは、海外でインターンシップ、言いかえれば海外で就業体験を行うことである。

2014年から開始したこの海外ビジネス研修は、試行として実施されたものである。その目的は、グローバル社会に対応する人材の育成、社会人基礎力の向上、英語力の向上、スピーキング力、ヒアリング力などの向上である。最終的には、本学での学びにおいて経営学の理論をしっかりと修得させ、さらには英語の能力（文法・会話共に）を飛躍的に伸ばし、国際的なビジネスの現場ですぐに活用できる人材に仕上げることが狙いである。この研修は、1週間から2週間程度を実施期間とし、シンガポール、ヴェトナム各地（ホーチミン、ダナン）で研修を積んだ。

本稿では、本学で特徴的なプログラムであるシンガポールやヴェトナム各地域で実施している海外ビジネス研修を実施するようになったいきさつや、その目的・概要・経過などについて紹介する。さらには、今後平成30年に迎える海外ビジネス研修本格実施時に向けての課題やその解決方法などについても触れることとする。

1 事前調査

1—1 経緯

２０１１年５月安部政権による新成長戦略実現会議の下に関係閣僚からなる「グローバル人材育成推進会議」が設置され、わが国の成長の牽引力となるべき「グローバル人材」の育成と活用についての仕組み構築が議論・要請された。これを受け本学でも「グローバル人材の育成」に本格的に取り組むこととなった。２０１１年夏頃からは、筆者をはじめ関係教職員は事前調査として多くの官庁や大学や機関・企業などに出かけた。調査を進めるほど、社会の流れに遅れずこの波を早く取り込まなければならないと痛感したことをよく覚えている。

この海外ビジネス研修生を送り出すには、多くのヒアリングや視察、あるいは学内での検討会を数え切れぬほど実施し、その意義や現実可能性、有効性、安全性など多くの視点から国際経営学科教員および関係教職員で検討を重ねた。

また、日本国内の大学ですでに海外インターンシップを実施している大学にも出かけ、関係者の方方との意見交換、あるいはその先進事例をもつ大学から関係者をお招きし、学内研修会なども複数回実施し、本学海外ビジネス研修関係の教職員と共に思慮を重ねた。

そして、ようやく２０１４年の夏、海外ビジネス研修第１期生を派遣するにいたったのである。

１―２　意義・目的

この研修の意義や目的は、すでに述べた通りではあるが、社会から求められている「グローバル人材育成」が最大の目的である。多くのさまざまな国や地域で、宗教や人種の異なる人々と共に切磋琢磨しながら互いの価値観のもとで社会に貢献できる人材育成を旨としている。育った環境や社会状況は大きく異なろうとも、互いを認め合い、尊重しながら１つの方向性を見出していく。そのためには、１つのスキルとして英語力が求められる。英語力とは、文法をしっかりととらえ、英語で書く力、聞く力、コミュニケーションする力、そして英語で考える力である。この英語力の向上もこの研修の２つ目の目的である。このような英語力をしっかりと鍛えその力を研修後も持続できるようにすることも狙いの１つである。

1―3　研修前調査

この研修は、グローバル人材の育成や英語力の向上を目的として行われるが、その研修に際し、まず研修を行う国や地域を選定するために多くを訪れ、視察やヒアリング調査を行った。シンガポール、バンコク、ヴェトナムの各地域（ダナン、ホーチミン、ハノイ）、ミャンマーなど多くの国と地域をめぐった。この研修前調査においては、研修当該国・地域は安全であるか。研修生が体調を壊したときの病院についての調査、ホテルから研修先への通勤は危なくないか。さらには、研修先についても多くの検討を行った。

1―4　研修先開拓

またこれらと並行して何よりも重要なことが、研修生をお預けする研修先の開拓である。研修先としては、日本から進出している現地日系企業、現地企業、あるいは現地政府や日本政府の出先機関などを対象とした。研修生の希望もあるが、何よりも研修先は見つかるだろうかと不安になったこともあった。大変ありがたいことに、研修先は多くの方々のお声掛けやご支援によりお願いに上がった先々で気持ち良く受け入れてくださる幸運に恵まれた。本学の研修初回より今に続くまで数多くの研修生を預かっていただいている機関や企業など研修先は、多岐にわたっている。研修先は、研修に関わる全てがボランテイアでひきうけていただく訳だが、研修先開拓の訪問先によってはバイト代わりに研修生を預かる場合もあるとの情報もあった。この「研修」と「バイト代わり」との境目を見極めることが非常に困難であり、万が一そのような場合にはすぐに研修生を引き上げなければならない。このような状況にならないように、事前に研修先についても詳細な情報を収集し、判断する必要がある。幸い本学の研修先開拓時には、このような状況に遭遇したことはないが、今後においても充分に気を付けるべき点である。

1—5 研修先決定

研修に関わる教職員による先進事例をもつ大学の視察やヒアリング、研修先候補の国や地域の視察・情報収集、研修先の開拓などを経て、ようやく研修先が決定する。これは、単に本学からのリクエストによるものだけではなく、先方の研修先からも多くの要望や確認事項などが寄せられ、互いにそれらを共有し理解・認知したうえで学生の研修先として決定するのである。

また、研修先とは様々な公的文書を交わす。大学と研修先との覚書や研修生本人と研修先との誓約書、大学と研修生との間に取り交わす誓約書などがそれであるが、とくに研修先との書類については、英語版、日本語版での作成を行い、互いに法的に問題のないことを確かめあい、研修実施の現地でも通用するものとした。

さらに、シシンガポールにおいては数日間のインターンシップでさえも正式な就業ビザの取得が義務付けられていたため、これには大変な苦戦を強いられた。ちょうど本学が第1期生の研修生を現地へ送り込もうとしていた矢先に、シンガポール政府は外国人就業者ビザ制限を決定したばかりであった。このビザ取得は、大変困難なことであり、日本中の大学においてもトップクラスの大学にしかビザを支給しないのが現状である。本学のような地方の公立大学にビザ取得は非常に厳しい現状であった。ビザを申請する手はずや手段については何の知識もなく伝手もない。運も尽きたと思った矢先、九州経済連合会からのありがたい御取り計らいで本学にも正式な就業ビザを取得できた。このシンガポールにおける就業ビザ取得は、本学海外ビジネス研修における試金石となり、いまではこのビザ取得が功をなし、現地における多くの機関・企業よりビジネス研修のチャンスを頂くきっかけとなった。

1―6　研修生の選抜

教職員が一丸となり、研修先の開拓を行うと同時に、実際に派遣する研修生の選抜も重要な事項の1つである。

この研修の対象となる学生は、学部の2年生以上である。学部・学科は問わない。また、現在のような試行段階では英語力は問わないが、出来るだけTOEICスコアを上げるようにと指導を行っている。なぜならば、TOEICスコアは、全体の英語力を見る指標として有用であると判断したためである。さて、研修生の選抜であるが、第1関門として作文を課す。その時々によりタイトルは異なるけれども、いずれもこの研修に求める自分なりの目的や課題などがそのテーマとなる。あるいは、海外で研修生が見たいこと、確認したいことなども含まれる。この作文審査により選抜された候補生は、つぎに面接へと進む。英語を交えながらインタビューを行う。自己紹介から始まり、自分の夢やその夢の実現方法などについて約30分程度の時間を共有するのである。

これら作文や面接でわれわれ教職員は、何を確認しているかというと、まず第1に、本気でこの研修に参加しようとしているかについて詳しく見るのである。つぎに、自分なりの目的や目標がしっかりと定まっているか。そして、ほかの研修生たちとのコミュニケーションがうまく取れるか、などについてみていく。

われわれ教職員は、この短い面談中に、研修生が、事前研修および研修本番を無事に乗り切っていけるか、乗り切っていく気力・体力を、そして仲間と共にコミュニケーションをとることが出来るかどうかをしっかりと見極める必要がある。

1―7　事前研修

研修生が、研修本番を有意義に納得のいくように過ごせるように、またその後の就職活動や就職本番に活かせるための充分な事前研修を課している。それらには、英語（TOEIC対策、スピーキング、ヒアリング、ライティングなど）、特殊講義の受講（グローバル人材育成のための各界からの特別講義）、業界研究、業種研究、マナー講座、領事館訪問・意見交換、研修対象国調査などのほかに「グローバルランチ」と称して毎週1回関係教職員と研修生が一堂に会し、テーマごとに勉強会を行っている。研修生においては、ほぼ毎日の単語テストやTOEICテスト対策、研修先調べなど多くの時間をこの事前学習に充てていた。

この研修は、約4ヵ月もの間大変厳しい特訓が続く。英語、社会情勢、業界研究、業種研究、マナー講座受講など多岐にわたっての特訓である。とくに英語については、ほぼ毎日の特別授業を組み、TOEICテストも毎回受験が義務となっている。このような厳しい訓練を続けて、ようやく研修本番に臨むのである。この特訓を1度でも欠席すると、研修候補生としての資格を剥奪されるため、研修生も本気で必死になって取り組んでいる様子がよくわかる。

2　研修本番

さて、研修生はこのような大変有意義でハードな時間を過ごしながら、ようやく研修本番にたどりつくのである。

2―1　第1期生

2014年8月、海外ビジネス研修第1期生、男女12名は元気よく福岡空港を飛び立った。まずは、全員がシンガポールで東南アジア全般についての座学を約2日間にわたり受講し、その後それぞれの研修先へと向かったのである。シンガポールチーム8名は、Ministry of Manpower（ＭＯＭ）にすでに申請した就業ビザ取得に向け、最後のインタビューを受け、就業ビザを携えて実際の研修先へと派遣される。その一方、他方では、ヴェトナムチームが、研修先であるヴェトナム第3の地域ダナンでの研修に向け、現地へ赴いた。

この1期生たちは、全てを自分たちの力で切り拓いた。自分たちの前に先輩はいない、道もない。道なき道を切り拓き前へ前へと自力で進む研修生たちの奮闘ぶりが立派であった事をよく覚えている。まさにパイオニアとしての勇気と行動力を持っていた。

シンガポールチーム8人、ヴェトナムチーム4人の研修生たちは、研修の毎日毎日が真剣そのものであった。朝早く研修に出る。研修中は、もちろん各所の研修案件でははちきれんばかりの緊張のもと心と魂を込めて研修に臨む。研修後は、ホテルに戻り当日の反省を各自で行い、引き続いて全体反省と翌日の連絡会議。遊ぶ時間などもちろん存在しない。研修生の頭の中にも、その発想さえもなかったと思う。自分たちが選んだビジネス研修。自分たちのために、自分たちの人生のために、この研修があるとの気迫で満ちていた。教職員も同様であった。各研修先を手分けして巡回し、ほかの方々の迷惑にならぬよう細心の注意を払いながら研修生たちにエールを送る。写真に収めたくて準備をするが涙でかすんでしまう。

各チームとも、研修生たちが大奮闘したことは今思い出しても大変誇らしい。なれない環境のもとでもいつも明るく、前向きな研修生たちはまさに次代の夜明けを意味する研修生たちであった。第1期生は、無事に全員が研修を終わらせ、研修最終日に現地で報告会を行った。報告・質疑応答などすべて英語で行ったが、研修でほぼすべてのエネルギーを使い果たしたであろう研修生が必死になりプレゼンテーションや質疑応答する姿は、研修先の方々にも受け入れていただくことが出来たように思う。そして、この第1期生の努力とまじめさが第2期生の研修への道を大いに広げたことは間違いがない。

第1期生の研修を振り返り、いくつかの反省点も挙げられる。まずは、大半の研修そのものは成功したといって過言ではないが、いくつかの研修先においては、研修生の受け入れが初めてのところが多かったためか、研修生に何を研修させたらいいかよくわからず、お客様扱いの場面があったことだ。つぎに、研修期間が短すぎた点も挙げられよう。1週間という短い期間であったため研修生は、研修における苦労や失敗はほとんど経験せず、楽しいばかりの研修のように見受けられた。そして、英語力の不足も忘れてはならない。この点はなかなか解決するには難しい問題ではあるが、英語の特別訓練で培ったはずの英語力ではあったが、数か月での付け焼刃の英語力、それだけでは研修が困難であることが明確になった。

2―2　第2期生

2015年8月、男女合わせて12名の第2期生が各研修先へと向かった。この2期生たちは、シンガポール、ヴェトナムとそれぞれの地で座学をまず受講し、各研修先へと向かったのである。研修期間は第1期生より3日ほど長い約10日間である。

第2期生は、第1期生の示した光をもとに大きく羽ばたきながらのびのびと研修を重ねていたことを記憶している。第1期生の反省点の1つである研修期間中の挫折や失敗は、第2期生においても全く経験することなく終了した。英語力については、第1期生同様に、英語の特別訓練を約4ヵ月ほど継続したが、研修現場で複雑な質疑応答が出来るほどまでには至らないままであった。第2期生を見て感じたことが数点ある。それは、研修に行く研修生個々人の目的があまりにもあいまいであり、明確な目標を定めないまま研修本番を迎えたように思えたことである。結果的には研修は滞りなく終了はしたものの、研修にしっかりと取り組んだ充実感や満足感、達成感はそれほど大きなものではなかったように見受けられた。研修というよりは、旅行に研修も付いている　との感は否めなかった。また、各チーム間でのコミュニケーションが充分に取れていなかったことも反省点の1つであろう。各研修生は、互いに研修に関する多くの情報を共有し、理解し認知したうえで1つの方向へ向かって進んでいるはずである。しかしながら、2期生の場合は情報共有がうまく出来ておらず、そのためかチームとしての一体感も希薄なまま研修は終了した。これは、引率教職員と研修生との間にも若干の溝を作り、互いの信頼関係に温度差があったように感じる。次期に解決すべき大きな点となった。

2―3　第3期生

試行とはいえこの海外ビジネス研修も3回目を迎えるころには、学科教員や関係教職員の中に、ある種の一体感が芽生えてきた。それは、この研修の意味や意義、そして研修生たちに経験させたいこと、感じてほしい点などなどが具体的に明確に分かるようになってきたため、それらを研修生たちになんとか体験させたいとの気持ちが皆に生まれてきたことである。それらを実現するための方策も練った。その結果、われわれ教職員は従来のように研修の先頭に居る訳にはいかない。この研修の主役は研修生であり、教職員はわき役、端役にとどまり決して研修生より前に、そして先には出ることは許されないなどのことが分かった。主役が主役であるためには、まずは、研修生が自分たちの目的や目標、研修内容、達成したいゴール、この研修を今後の人生の中でどのように生かしたいのかなどについて、今までの研修生以上に真剣に必死に考え、悩み、それらを実現するための方策をも自分たちで考え、模索する必要があるという見解に至ったのである。そこで、教職員で深く検討した結果、この第3期生の研修目的の1つを「自主性」とした。

その「自主性」の意味するところは、研修に関わる全てのことに関し、研修生全員が自分たちで考え悩み苦しみ研修のスタイルなどを作り上げていくことである。たとえば事前研修が本当に必要であるか、英語の訓練必要性およびその内容、あるいは事前学習で学びたい事柄、研修前に訪問し意見交換などを行いたい研修先などを真剣に検討することである。自主性で、何よりも重要であることがシンガポールMOMへの就業ビザの申請である。1つの間違いがあってはビザが申請できない。それどころか、シンガポールでの就業体験そのものが不可能になってしまうため、ビザ申請は非常に慎重にならざるを得ない。従来は、教職員による指導・先導のもとこの申請を行ってきたが、3期生に至っては、自分たちで申請することとした。つぎに重要なことは、自分の研修先とのやり取りである。研修生自らによる研修受け入れのお願いから始まり、研修先と共に作り上げていく研修内容の作成、現地までの移動の航空機やホテルの手配、研修中の連絡当番、病院の調査、研修本番中のアクシデントに備えて、現地で行う研修報告の準備などなど約4ヵ月の間にこの作業を行わなければならない。もちろんその間には、英語の伸びを確認するためTOEICテスト受験も義務付けられている。

いままで第1・2期生の研修時には教職員が全てのお膳立てをして、研修生は、研修本番にまじめに研修に取り組めばそれでよかったのである。しかし、第2期生の目的の不明確さによる研修の充実度の低さを目にしたときから、研修に関わる全てを研修生に課さなければ研修は決してうまくいかないと確信したのは、教職員全員の見解である。このような観点から、第3期生には少々厳しかったけれども「自主性」を持ち自主的に考え判断し、行動することを身につけるように仕向けた研修であった。もちろん、その時々に教職員は指導を行うが、その時聞こえてきた教職員からの声は「研修生に任せるより、教職員で手配などした方が手間がかからない。しかしそれでは研修生は育たない。気長に付き合おう」との声であった。

このような「自主性」を育てる研修とのスローガンのもと第3期生は希望と夢を持って研修先を目指したのである。

参加学生は、シンガポールチームが男女12人であり、ヴェトナムチームは男女合わせて４人であった。研修期間は、約２週間程度である。各チームとも現地での事前座学、就業ビザ取得の後早速に研修先で研修に入った。

この研修が３回目にもなると、研修をお引き受けいただいている先々とも互いの信頼関係に基づく目指すべき教育理念や、研修の在り方・方法などについても共有の意識がある。

そのような恵まれた環境の下で２週間の研修を行ったわけであるが、今回の研修は、今までのそれより内容が濃く、ハードな研修のようであった。いずれの研修生も、「研修生」との甘えはなかった。個々人が重い責任感と使命でしっかりと取り組んでいた。また、研修最終日には、各研修先で英語による報告を各自が行った。

報告だけであれば、一方的なプレゼンのため練習を積んでいれば何とか乗り越えられる。しかし、今回からは、質疑応答もすべて英語での対応。約10分程度の質疑応答でも、四苦八苦しているさまがよくわかる。なかには、２時間ほどみっちりと質疑応答をこなした研修生もいた。遠目に見ても、明らかに緊張し、精一杯な様子。しかし、最後の最後までしっかりと持ちこたえ、研修先の皆様（約20人程度）から大きな拍手をいただいた時には、研修生はもちろんであるが見守る教職員も多くを感じ、今までのさまざまなシーンがよみがえってきた。それぞれの研修生たちは、失敗、挫折、喜びをしっかりと味わったことは間違いがない。そしてこの感覚・感動こそが研修生たちの今後に大いに役に立つ、あるいは苦しいときにこの研修を思い出しまた先に進んでくれる励みになると確信している。

今回の研修で最も特徴的なことは、２週間という長期研修である。長期にわたる研修でどのような成果を上げるか、大変楽しみであった。研修そのものは各研修先とも、従来の研修よりもさらに深みを増した内容の濃い充実した研修であったように思う。研修生たちの事前準備も素晴らしく、何より心構えが頼もしかった。研修前の充分な準備が功をなしたためか、それぞれの研修生が掲げる目的や目標などがしっかりと定まっており、そのためにやるべきこと、そのプロセス、導き出したい結果までをも研修生は自分なりにしっかりと理解し実践されていたのである。もちろん振り返ると、見直さなければならない点もある。まず第１にあげられることは、やはり英語力の向上であろう。英語の特別訓練だけではなかなか難しい現実があった。また、今回の研修では病人が続出したことが至極残念である。食中《しょくあた》りの研修生もいたが、多くの研修生たちは、あまりのプレッシャーとストレスでいつもリラックス出来ず、それが原因となり頭痛や腹痛などを引き起こした。

この点は、研修生の余裕をもった研修体制や時間の有効活用、あるいはリラックス時間の提供など、次年度研修に引き継ぐべき重要事項である。

2―4　振り返り

２０１４年の８月から始まった本学の海外ビジネス研修も、今年（２０１６年）の夏で３回目となった。回を増すごとに研修を引き受けていただける研修先がますます増加し、研修生たちのチャンスも大いに拡がった。この研修を振り返ると、様々な場面がよみがえる。第１期生たちが現地での報告会を終え涙を流しながらも充実した笑顔がまぶしかったこと。第2期生は、とにかく元気でアグレッシブな研修生が多く、そのためかなかなか統一した行動がとれずに教職員泣かせであったこと。第3期生は、皆が勤勉であった。第1・2期生の良いところをすべてあわせもった研修生で、非常に本学らしい研修スタイルを確立してくれたように思える。

この海外ビジネス研修は、研修生が主役である。光の中心である。しかし、その主役を支え、中心の光を輝かせているのは、まさしく研修生を取り囲む研修先の方々、関係者の方々、そして引率教職員である。主役の研修生をさらに輝かせ、希望を持って社会に送り出すためには、改善しなければいけない点も多々ある。今後の課題として、次で述べることとしよう。

2―5　課題

課題としてまず最初に掲げられることは、英語力の継続的学習が挙げられよう。現段階は、試行としての実施期間中ではあるためか、研修生の英語力はそれほど高くない。また、研修後のＴＯＥＩＣテストにおいては、降下気味である。研修から戻り少し時間が経つと、以前必死になって勉強していた英語もすっかりと忘れてくる。これでは、何のために研修生に選ばれ、研修を重ねてきたのか意味が薄れる。研修を充分に活かしきれていない。研修が1つのきっかけとなり、大きく羽ばたくためには継続的な英語勉強システムが必要であろう。また、経営や国際経営についての専門知識の修得もますます重要になってくる。学部生を対象としているため、そこにはある種の限界があるかもしれないが、大学で学ぶべき学問をより深く追求し、講義による理論の修得と研修による実践をさらに深める必要がある。つぎに、研修生たちのやる気や研修に臨む姿勢の重要性の保持が挙げられる。試行段階の今では、自らが手を挙げ研修に参加してきた学生のため、研修に際してのやる気や取り組みの熱心さは非常に評価できる。しかし、平成30年度からの本格実施になると、研修を望まない学生も必然的に研修に参加しなければならない。目的意識が希薄なまま研修に参加した結果、研修先に不快な思いをさせ失礼極まりない状態になるであろう。そこで、教育プログラムの一環ではあるが、この研修が必ず国際経営学科第1期生（２０１６年度入学生）の役に立つため、全員の学生が研修に前向きでやる気が出るようにわれわれ教職員も指導し、導く必要がある。この指導や導き方こそが、研修の結果を大きく変えてくると考えられる。最後の課題として、この海外ビジネス研修をしっかりと支えることを主旨とするセンター機能の設置が望ましい。この海外ビジネス研修は、われわれ教職員がそれぞれの仕事の片手間に取り組めるほど容易な研修ではなくなっている。海外ビジネス研修専門担当機関の設置と専門スタッフの配置が望ましい。現状のままではゼミナール単位の研修あるいはサークル活動の一環としての枠を超えない。研修先にも教育プログラムの一環である海外ビジネス研修としてひろく理解を求めるには、海外ビジネス研修を専門に取り扱うセンターの設置は避けては通れない。

おわりに

研修を振り返ると、研修生たちは、厳しいながらものびのびと訓練の日々を過ごしていたように思う。第1期生においては、先輩もおらず先が見えない状況で進むことを余儀なくされていたが、それでも皆で知恵と力を合わせ〝海外ビジネス研修第1期生〟としてパイオニアの役割を充分に果たしてくれた。総勢12人のメンバーは、それぞれに行く道を定め自信にあふれた姿で大学を旅立っていった。この研修を機に留学に出たり、1年をかけ世界を見て回りたいと2人もの研修生がいま世界をめぐっている。商社に入り仕事で世界を飛び回りたい、教師になって自分のこの経験を生徒たちに自分の言葉で伝えたい、会社を選ぶ際には海外支店がある会社を狙った、などさすがに開拓者としての誇りと自信に満ち溢れた人生の幕開けである。

海外ビジネス研修第2期生は、どことなく頼りない2期生と思っていたが、大きなうれしい間違いであった。この研修を機に、さらなる自分の人生のすすみ方、目指すところなど明確で具体的なものをしっかりと持っている。第1期生同様に複数の研修生が、今世界のあちらこちらで自分の限界と戦っている。元気にあふれた第2期生のエネルギーは、遠い世界を身近な世界に変えてきたように感じる。

そして、第3期生は、近日中に行われる最終報告会の準備に余念がない。さて、どのような事を思い、考え、そして研修生たちの今後の人生にどう生かしていくのか、それらを聞けることが今からの楽しみである。きっと第3期生の勤勉さがあふれた報告会になるであろう。大いに期待したい。

研修生たちを見て、いつも思い、感じることがある。夢、希望そして未来である。研修生たちは自分の人生が大きな夢や希望にあふれている。それを実現する未来がある。至極当たり前ではあるが、研修生たちにはこれらを実現する力がこの研修でしっかりと備わったように思う。「夢は見るものではない。実現するものなのだ。」わたくし自身に大先輩よりいただいた言葉である。人生の節目には必ずこの言葉を思い起こす。そして、この夢の実現のために考え苦しみ、努力し達成するためにはひたすらただひたすら前に進むことである。

この研修はもともと教育の一環として位置付けてはいるが、その教育効果を図ることは容易ではない。しかし、研修生たちの志をもって臨んだ研修の前後を思い起こすと、充分な教育効果が上がったといっても過言ではなかろう。

グローバル人材の育成、社会人基礎力の向上、TOEICスコア上昇、英語によるコミュニケーション力の向上など多くの目的が各研修には含まれていた。それらの目的は、それぞれの研修生の視点から大いに達成されたといえる。

研修を機に、研修生たちが自ら何かをしたい、聞きたい、見てみたい、経験したいと思うきっかけとなったならばそれはわれわれ海外ビジネス研修教職員チームとして、かけがえのない喜びであり財産である。

われわれ国際経営学科教員ならびに関係教職員は、研修生にこの海外ビジネス研修の経験をもとに、先を見据えて大きく羽ばたいてくれることを切に願うばかりである。これらの研修にはまだまだ多くの課題もある。現状に満足することなく研修の充実・進化を目指し、研修生、教職員ともどもさらなる精進が必要である。

研修先開拓行脚を開始した当初は、海外経験が少なく英語に抵抗のあった教職員チームも、最近では、スケジュール、調整、交渉、お願いなどすっかりと国際人、いわゆるグローバル人材へと成長しているように思える。この海外ビジネス研修や語学研修は、学生のグローバル人材育成にだけではなく、教職員のグローバル化にも大きく役立つとの副産物まで生みだした。思わぬ効果で喜ばしい限りである。

これらの結果を生みだしたのは、何より研修生を気持ちよく受け入れてくださっている研修先の方々のおかげ、また現地での座学を積極的に行っていただいた方々のおかげである。「若者を育てる役目が企業にもあります。それを実践させてください」とのお声を何度もなんどもいただいた。企業が大学と共にいまから飛び立とうとしている若者を一緒に育ててくださるとの言葉に、どれだけ励まされ勇気づけられてきたことだろうか。研修生に現地での座学を提供し、預かっていただいた研修先のみなさま、ご紹介いただいた方々、アドヴァイスを頂いた皆皆様にこの場をお借りして、心の底から深くふかく感謝を申し上げる次第である。

いよいよ平成30年の夏には、この海外ビジネス研修は本番を迎える。大学が一丸となり、「学生のため」との熱い教職員の想いを研修生にさりげなくぶつけたい。そして、われわれ教職員は、研修生が先輩研修生たちの薫陶を胸に、夢と希望にあふれ、自信と勇気、誇りを持って大きな身近な世界へ飛び立つ事を切に願いながら、その日を心待ちにますます精進する所存である。

反知性主義時代における西洋経済史ゼミの試み

長濱幸一

はじめに

本稿の目的は、一言でいえば、日本の最西端に位置する長崎県立大学経済学部の学生の多くが、経済環境の厳しい中にあっていかに前向きに学んでいるかということを記すことにある。本共同研究において、筆者はゼミ教育を担当しており、本稿では西洋経済史ゼミ教育の実践を題材に学生諸君の成長の様子をお伝えしたいと考えている。

すでに、この共同研究の狙いや日本の大学における教養のあり方については、古河論文や谷澤論文で十分に検討されている。しかし、本稿のやや挑戦的なタイトルの意味も含めて、大学教育に関する筆者の考えを本題に立ち入る前に少し説明しておきたい。その上で、ゼミ教室内で行われている教育内容と、学生たちが自発的に取り組んでいるフェアトレード活動をご紹介したい。なお、筆者自身が教育学を専門としていないこと、そしてこの共同研究の読者が研究者ではなく一般の社会人の方を想定していることを理由に、参考文献は入手が容易なものを中心に利用することを心がけた。

1　地方の公立大学教育の役割

1　大学に対する社会的要請とは

2015年6月8日、文部科学省が国立大学に対して文系学部の廃止や削減などの組織改革を求める通知を行った。[1]「とうとう来るべきものが来たか」と諦念を持って受け止めた大学関係者も多かったと思われるが、大学関係者以外の方々の関心も引き付けたようだ。通常、教育に関する報道は決して多いとは言えないが、この問題については賛成派・反対派の双方から様々な意見が発表され、多くの耳目を集めた。この通知の是非についてはひとまず措くとして、大学教育に対する社会の期待が、年々に高まってきていることは間違いないだろう。[2] ここでは、この種の議論でよく耳にする「社会的要請」とは何なのかについて少し考えてみたい。

1　http://www.mext.go.jp/b_menu/shingi/chousa/koutou/062/gijiroku/__icsFiles/afieldfile/2015/06/16/1358924_3_1.pdf（最終閲覧日2016年2月29日）

2　大学改革の動きは矢野［2005］が、そして昨今の人文社会科学系学部の再編に関する議論は室井［2015］や日比［2015］が参考となる。また『現代思想』の2014年vol 42－14の特集も関連したものになっている高等教育研究における第一人者とも言える金子元久は、大学教育が改革を求められる要因として、OECD加盟国に共通する三つの要因を指摘している（金子［2013］7-13頁）。第一は、若者の半数程度が大学に入学するようになった「ユニバーサル化」である。第二の要因が、「経済のグローバル化」である。国際競争に勝ち抜くために、高度人材としての役割が大学卒業者に期待されるようになったと理解すればよいだろう。そして、第三が「学生の変質」である。ユニバーサル化に伴って、学習意欲のない学生・学習習慣のない学生が入学するようになった事態を示している。このような背景を踏まえて、金子は、大学教育の改革の目指すべき方向性として、教育の実効性・適切性の検証や教育の質的保証などを挙げている。教育の実効性とは、大学教育の理念を反映できるような教育の質的な向上を意味する。教育の適切性については、大学で受けた教育がその後の職業や社会生活に意味を持たなければならないとの考え方である。そして、大学を卒業する学生たちが十分に能力を高めたという質的保証、すなわち社会的な説明責任が必要だと主張している。

このような金子の指摘は首肯できる部分も多く、大学人が反省すべき多くの内容を含んでいる。しかし、ここで展開されている議論は、多様な大学教育の役割の一部のみを強調しすぎている印象もある。つまり教育の適切性や質的保証の強調は、見方によっては、大学教育の役割をグローバル競争に勝ち抜くための人材育成、経済界に役立つ人材育成という点に矮小化する危険性があるように思われるからだ。このような危惧は、決して筆者一人が抱いていることではない。2013年から2014年にかけて岩波書店より刊行された『シリーズ大学』（全7巻）の第5巻『教育する大学——何が求められているか』は、この問題を真正面から取り扱っており興味深い。例えば、同書の第一章を担当した田中毎実は、伝統的な大学の教育モデルの問題点を指摘しつつも、「可視的な数量的データ」のみで教育の成果を測ろうとする近年の動きを、「官僚主義の徹底した『反教育性』」と批判する（田中［2013］）。大学は、狭義の「ステークホルダー」に対する説明責任を持つだけでなく、次世代にもつながっていく「世代継承的公共性」を紡ぐ場であり、近年の大学改革議論に欠落した論点を取り上げている。もちろん金子の議論に、この観点が全く欠落しているとは思わない。しかし大学教育に経済人としての即戦力教育の役割を強く求めると、これまで大学教育（特に人文社会科学教育）が担ってきた教養教育や、社会の常識をまず批判的に眺める「複眼的思考法」の育成の役割が相対的に後背に退いてしまうジレンマがある。[3]

この点に関連して、近年の社会人基礎力・実学重視の潮流が内包する危険性を指摘する小方直幸の論考（第二章）も紹介しておきたい（小方［2013］）。小方は、「知識の陳腐化が激しいので、汎用的能力の習得こそ意味がある」との言説が、「学問」より「職業教育」を重視する流れに繋がっているとみている。そしてその結果、大学が社会に存在する最大の理由である「学問」の衰退に繋がることを危惧している。そのため小方は、学問を通じた職業準備教育の復権を主張している。このように、大

3　例えば、大学をG型（グローバル型）、L型（ローカル型）に区分して、その区分に応じて教育内容も変えるべきであるという議論などは、大学に将来の労働者を育成する機能のみを負わせるような議論であって、社会全体を支える市民育成の視点が欠如しているように見える

学教育の役割を社会人基礎力の養成と安易に決定してしまうことに不安を抱く人々が少なからずいることは間違いない。2015年9月9日、日本経済団体連合会、いわゆる経団連も、上述の文科省の文系学部の組織改編の通知に対して、「産業界の求める人材像は、その対極にある」と反対の声明を発表した。[4] これは、文科省や大学の改革が独りよがりになっていることに対する警鐘とも考えられる。大学における教育改革は、その存立基盤である「学問」を活かした教育改革であるべきだろう。この点については、各教員の不断の努力が不可欠となる。ただし、全国全ての大学の教育内容が同一でなければならないという主張がしたいわけではない。それぞれの大学の教育は、その置かれた環境を考慮したものでなければなるまい。そこで次項では、本学のような地方の公立大学の環境・役割について少し検討してみたい。

2　地方の公立大学の役割の再考

「一億総中流」という言葉が、もはや死語になり、社会を覆う「貧困」や「格差」の問題は深刻の度合いを増している。書店に並ぶ新書のタイトルを一瞥しても、『下流老人』（藤田孝典）、『貧困の中の子ども』（下野新聞子どもの希望取材班）など、際限がない。とりわけ、次世代の社会を担う子どもたちの貧困問題は深刻である。[5] その中でも九州の子どもの状況が深刻であることも明らかになってきた。2015年11月4日の西日本新聞ホームページの記事は、「九州の子ども2割が『貧困』」という見出しで衝撃的な内容を伝えている。[6] 経済的に貧困状態にある18歳未満の子供の割合が、九州では19・4％であり、全国平均の15・6%と比べても極めて高い状況にあるという内容である。長崎県の県民所得が1人当たり平均240万円であり、これは九州内では宮崎県、鹿児島県についで低い数値であることを考えてみても、長崎県の子どもや若者の置かれた状況が、極めて深刻であることは容易に想像できよう。[7]

では、この状況を改善する処方箋は一体何であろうか。子どもの貧困や虐待の問題について長く取り組んできた山野良一は、最終学歴が高校卒業の親の家庭と大学卒業の親の家庭の貧困率が22%と8%と大きな開きがあることに注目し、大学進学を貧困脱出の大事な解決策と指摘している（山野［2014］113－123頁）。[8] しかし読者の中には、「有力大学ならともかく、それ以外の大学を卒業したところで、学歴にたいした意味はないし、貧困対策としても意味はないのではないか」という意見や、「理系の学問ならともかく、社会科学や人文科学などは役に立たないのではないか」という意見をお持ちの方もいるだろう。この点については、教育経済学とも言える新しい分野を開拓した濱中敦子が『学

4　https://www.keidanren.or.jp/policy/2015/076.html（最終閲覧日2016年2月29日）。もちろん、このプレスリリースについても、従来の経済界の主張と反対の内容となっているとの批判もある。しかし、公的な声明が出されたことは意義深いと思われる

5　この点については阿部彩の子どもの貧困に関する一連の著作が参考になる。ひとり親家庭の子どもの進学に関する問題については、赤石［2014］67－114頁も参考となる

6　http://www.nishinippon.co.jp/nnp/national/article/205101（最終閲覧日2015年11月30日）

7　http://www.esri.cao.go.jp/jp/sna/sonota/kenmin/kenmin_top.html（最終閲覧日2016年2月29日）

8　この点については小林［2008］や吉川［2009］も参考となる

※6と7は閲覧不可

歴の効用』において詳細に検討しており、興味深い。濱中は、経済学的手法を用いながら、高卒や専門学校卒と大卒の所得を比較し、大学を卒業することがその後の所得に大きく資することを確認している（濱中［２０１３］２－21頁）。ただ濱中が、偏差値に基づくいわゆる「学歴社会」を称揚しているのではない点は強調しておきたい。[9] 濱中は、大学時代に学びの習慣を習得することの有用性に着目しているのであり、エリート養成型の大学教育ではなく中間層の学びを応援する大学教育の必要性を主張しているからである（濱中［２０１３］219－236頁）。この点でいえば、「偏差値」でいえばエリート校とは言えない本学の役割も、有名大学と比べて小さいわけではないのである。むしろ、大学進学による貧困の世代間連鎖を断つという観点から言えば、日本の最西端に位置する本学の役割は、都心部の大学と比較にならないほど大きいとも言える。国立大学の学費でさえ、この30年間で14倍にも急騰している。もはや国立大学が低所得家庭の子どもたちの学びの場でなくなりつつある現在、地方の公立大学には、保護者の経済状況にできるだけ左右されず学べる場としての期待がますます寄せられる状況だと言えよう。

３　本学学生の状況

ここまでは大学教育の重要性が増していることを確認してきた。続いては、学生の状況について触れておきたい。国際化が叫ばれ、グローバル人材の必要性が喧伝される一方で、阿部真大の『地方にこもる若者たち』に代表されるように、変化や成長に無関心な若者像が語られることも多い。『マイルド・ヤンキー』を著わした原田曜平は、「上京志向がなく、地元で強固な人間関係と生活基盤を構築し、地元を出たがらない若者」の増加に注目している。若者が地方で過ごすこと自体が問題とされているのではない。ここで問題とされているのは、毎日同じルートで、同じ生活を大事にする傾向を強めている若者である。このような若者は変化を嫌い、自分の成長のための消費さえ少なく、ただ現状維持を続けるためだけに消費している。原田の造語である「マイルド・ヤンキー」が、現代の若者の傾向を正確に捉えているのか否かは議論の余地はあるが、グローバル化どころか、自分の周囲の人間にしか興味関心を持たない若者、成長意欲に乏しい若者が一定数存在していることは間違いないだろう。そのような若者の増加は、日本社会の潜在的な問題の一つと言えるだろう。

このような状況に対して、本学の学生は、幾ばくかの救いをもたらしてくれる。毎年新入生を対象に行われているアンケートでは、本学入学者の7割以上が大学での生活を「頑張りたい」と前向きな回答を寄せている。[10] また我田引水の事例で恐縮だが、2015年度の3・4年生の長濱ゼミには、約30名の学生が所属しているが、1年程度の海外留学に出ている者が4名おり、また短期の留学や海外研修の経験者も6名ほど在籍している。[11] 学生の経済的環境が厳しくなっている中で、ゼミ生の三分の一ほどの人間が海外での学びに挑戦している状況は、本学学生が前向きな学びの姿勢を持っている一

9 苅谷も「学歴社会」から「学習資本主義社会」への転換を呼び掛けている（苅谷［2012］）

10 毎年、学生グループにより質問項目を大きく変えずに実施されており、本学の新入生の動向を知る手掛かりとなっている

11 海外の提携校の少ない中で、自費留学に挑戦する学生は、他のゼミにも多数存在している

つの証左としてよいのではないだろうか。[12]では、このような前向きな学生たちへ、どのような教育内容を提供するのか。各教員が真正面から向き合わなくてはならない問題が浮かび上がってくる。

4　大学で何を学んでもらうのか

ここまで大学を取り巻く社会環境が大きく変化してきたこと、その中で教育の改善に取り組まなくてはならなくなってきたこと、そして本学学生が学びの意欲を持っており、大きな潜在力を秘めていることを指摘してきた。また西九州の経済状況を考えると、大都市圏の有名私立大学に通いたくても通えない若者が多く存在し、そのような若者に十分な大学教育が必要であることにも触れてきた。このような状況下で、本学でのゼミ教育はどのように展開されるべきであろうか。

まず頭に浮かぶのは、就職率の向上を第一の目標にして、キャリア教育や資格取得の教育を推進するという手法である。[13]しかし大学におけるキャリア教育については、その限界も指摘されている（沢田［2011］）。また研究職である大学教員全員が、キャリア教育を十分担える能力を有しているのかという問題もある。そもそも企業側も、教育の改善を求めているとは言っても、大学に「キャリア教育」を望んでいない可能性もある。[14]これは資格取得についてもあてはまる。近年、「キャリアショック」という言葉が普及している。予期しない外部環境の変化によって、自分の想定していたキャリア像や資格が、短期間に陳腐化してしまう現象である。歯学部が急増した結果、歯科医師の供給過剰となり各地で歯科医の経営危機が問題となっている例や、弁護士資格を取得しながらも開業できない事例などが例として挙げられよう。医師免許や弁護士資格と言った難関資格でさえ、本人の素質と関係のない外部環境の変化によって、将来を保証してくれない時代となっている。大学生活を資格取得のためのみに費やしても、精神的、物質的に豊かな生活を保証できるわけではないのである。また資格取得という目的のためだけに日々を費やす学生が、社会の不公平や弱者に目を向ける人材に成長できるとも思えない。このように考えると、大学が提供できる教育の根幹は、結局のところ伝統的な学問に基づく教育を発展させていくことではないだろうか。[15]

ところで、筆者の専門領域である経済史学・歴史学との関係でいえば、大学における歴史学の学びの要点は「歴史的実証性」や「類比」といった能力を培う点にある。歴史解釈のプロセスを学んだり、

12　日本の奨学金制度の問題については、奨学金問題対策全国会議［2013］を参照のこと。同書で「貧困ビジネス」と批判されている有利子の奨学金を、本学の学生の多くが利用せざるをえない状況にある。風俗産業で働く女子大学生を取材した中村［2015］では、風俗産業で働く「普通の女子大生」が増えていると言う。彼女たちの多くが、奨学金という借金を避ける目的で風俗産業で働くと言う。それほどまでに現行の奨学金制度は、問題が多い。学生が経済的理由で勉強が続けられなくなることを避けるためには、奨学金制度の改善や授業料の値下げなどが不可欠である

13　若者の16人中1人が無業であるとの指摘もある（工藤／西田［2014］）

14　大学キャリアセンターの問題点を指摘している沢田が、大学における学びを重視するように学生に呼び掛けている点は興味深い（沢田［2011］44-47）。また筆者が、卒業生の内定先の企業の方と面談すると、全ての方が本ゼミのモットーである「よく学び、よく遊び」の重要性に賛同して下さっている点も付け加えておきたい

15　もちろん教授法については、様々な工夫がなされるべきである。アンプローズら［2014］やグリフィンら［2014］の海外の成果や、小田ら［2012］などが参考となる

ある事実を他の地域や時代と比較検討したりすることは、歴史を学ぶ面白さである。ただ、このようなプロセスが就職活動で直接に役立つと思われる方は少ないだろう。しかし、このような先入観とは裏腹に、企業の採用担当の方との面談やゼミ生の就職活動の様子からは、本ゼミナールのある意味で古典的な学びが一定の評価を得ているようである。どうやら、「役に立たない」と言われている歴史の学びが、思いがけず社会で活躍するための基礎力を形成しているようである。一方、日本社会の指導者の中で、自己の都合に沿って物事を解釈する動き、また理屈や客観性より「気合」や感情を優先する動き、いわゆる「反知性主義」が急速に高まりつつある。[16] 本ゼミが重視する「歴史的実証性」や「類比」とは逆の方向に向かいつつある。そして、経済史や歴史学は「役に立たない学問」とされ、その存在意義に疑いの目が向けられている。そのような「非実用的学問」の代表格である西洋経済史ゼミで、学生たちがどのように成長しているか、その具体例をお伝えしたい。

2　西洋経済史ゼミの日常の光景

1　講義時間内での学び

本節では、3、4年生対象の専門演習（ゼミ）の通常の学びの様子をご紹介したい。前節で述べたように、本ゼミでは、就職活動や実践的教育を特別に意識することはせず、経済史・歴史学を追究している。どの大学でも行われているであろう、文献の正確な読み取り、その的確な報告、そして議論に力点を置いている。

ゼミナールの事前説明会では、米国環境史家のP・ライメリックの言葉を借りながら、経済学部における経済史の役割として次のようなことを説明している。①経済学がモデル化を得意とする学問であるからこそ、経済史では複雑な出来事から複雑な教訓を見つけることに注意したいということ、②歴史は単調な繰り返しではないため、異なる状況や変化の中味に注意する必要があること、③市場万能主義や市場悪者論など、最初から特定の立場に立った答えありきの勉強をしないこと。経済史・歴史学の基礎知識を持たない学生とも、ゼミナールの目的を共有するために、繰り返し説明する点である。また、ゼミのモットーである「よく学び、よく遊び」という言葉も、ゼミ生との共有を心がけている。

以上の理念を共有してもらったうえで、ゼミ生たちとの学びが始まる。ゼミ生の問題関心を広げる目的で、環境史、第一次世界大戦の社会経済的影響、モノから見る経済史と多様なテーマを準備している。環境史については、J・R・マクニール『20世紀環境史』(名古屋大学出版会)やJ・ラートカウ『自然と権力』(みすず書房)など、第一次世界大戦については、J・ジョルの『第一次世界大

16　反知性主義については内田［2015］や佐藤［2015］が詳しい

戦の起源』（みすず書房）や小野塚知二編著『第一次世界大戦開戦原因の再検討』（岩波書店）など、モノから見る経済史については、小澤卓也『コーヒーのグローバル・ヒストリー』（ミネルヴァ書房）や武田尚子『チョコレートの世界史』（中公新書）などの定評のある文献を、共通テキストとして講読してきた。可能な限り最先端の研究成果に触れることを意識している。邦語文献の講読が一通り終了した時点で、英語文献の講読へと移行する。ここでは主に環境史の文献が中心となるが、ハワイ観光がもたらす地域環境の変化を取り扱ったM・G・ブラックフォードの『Fragile Paradise』（University Press of Kansas）、東アジアの大気汚染の源流を辿る目的で講読したW・ワイズの『Killer Smog』（Rand McNally & Co.）、20世紀米加環境史の概説書であるC・ミラー編の『The ATLAS of U.S. and Canadian Environmental History』（Routledge）などを取り上げてきた。単なる語学力の向上が目的ではなく、国外の優れた研究を理解することに力点を置いている。このような英語文献を用いた専門書の講読に挑戦することを入ゼミの主たる理由に挙げる学生が、毎年、少なからず存在しているのも嬉しいことである。

そして、これらの文献講読を要約する報告者は、他の文献やインターネット上の情報を利用して、議論の土台となる「ディスカッションポイント」を提示する役割が与えられている。つまり、共通文献はどのような学問的な特徴があるのか、どんな問題意識で書かれているのかなど、他の文献情報と比較しながら、論点を整理しなくてはならない。そのため、本ゼミ生は、毎週かなりの分量の活字情報に触れざるをえないことになる。幸い、ゼミ生諸君は、研究室や図書館で関連文献を借り出し、毎回、熱心に報告を行ってくれている。世間一般の「若者の活字離れ」とは異なる世界になっている。

2 講義時間外の活動

前項で述べたように、毎週180分のゼミ時間を学びに費やし「よく学び」を実践している。続いては「よく遊び」の部分についてもお話ししてみたい。本ゼミは、3年生、4年生を合計すると毎年平均して30名を超える学生が所属している。学生数から言えば、決して小規模なゼミではない。近年、国立大学では定員数を削減し、少人数教育を徹底化することで教育の質的向上を目指していることを考えると、適切な規模ではないとの批判もあるかもしれない。しかし筆者としては、むしろこの規模の大きさをプラスに転換したいと考えてきた。そのため講義時間外にも、様々な活動に取り組んできた。

まずは、毎年開催している学科横断の合同ゼミ研修である（写真1）。経済学部三学科のゼミが合同で九州各地を一泊二泊の旅程で視察してきた。[17] 2012年度は地熱発電や大分港などの施設見学、2013年度は熊本市フェアトレード視察、2014年度は久光製薬、博多阪急、JR九州などの企業視察、2015年度は鹿児島県知覧での平和を考える視察といったように、毎年、テーマを決めて研修を行っている。3ゼミで60人を超える団体旅行ではあるが、夕食時に、各ゼミの学習内容のプレゼンテーションを行うなど、相互交流の貴重な場となっている。また学内では限界があるゼミ内の交流

17　毎年、快く参加して下さる同僚の山本裕先生、奥山忠裕先生にも感謝したい

も行われ、「ゼミの仲間」という意識が少しずつ芽生えてくるようだ。

また、高等学校への出張講義にも、本ゼミでは学生たちと共に訪問するようにしている。宮崎北高校からは2013年度、2014年度にご依頼をいただき、教員の講義に加えて、学生たちの研究報告も聴講していただいた。学生たちは報告をどのように行うか話し合い、準備に取り組んだ。高校生にも本学学生の熱意は伝わったのではないかと考えている。2015年度には県内の松浦高校にもご招待をいただいた。同高校の出身者がゼミに所属していたため、宮崎同様に学生を同行しての訪問となった。後日送付された高校生の感想文には、大変嬉しいことに、「大学生の報告が非常に勉強になった」との言葉が多く見受けられた。できるだけ多くの学生を同行させることで、ゼミ生の成長やチーム力の形成にも繋がっている。

このほかにも、学園祭への出店、学外の史跡散策や懇親会の定期的な開催など、ゼミ生がグループで交流する場をできる限り多く準備している。そして、このようなグループ活動は、ゼミでの学生の主体的な発言や行動にも繋がっているようである。2014年9月には、学生支援課からの依頼で、中央大学の学生との懇談会を開くことになった。先方からは、地域マニフェストの作成に取り組んでおり、佐世保で暮らす学生の意見を聞きたいとの依頼だった。筆者は、「都会で暮らす学生とうまく交流できるだろうか。物怖じしないだろうか」との一抹の不安を抱いていた。しかし実際に懇談会が始まると、本ゼミ生たちが積極的に意見を述べ、場合によっては逆質問をしている姿も見られた。受講生の多いゼミでの教育が、一定の成果を生んでいるのではないかと実感した瞬間であった。

本節では、西洋経済史ゼミが年間で行っている活動を、ごく簡単に説明してきた。学内では経済史・歴史を「よく学び」、学外では長崎、九州を「よく楽しむ」ことを意識している。これに関連して言えば、本学では大学バス（大型バス1台、マイクロバス1台）を教育利用については無料で利用できる制度がある。学生たちを学外に連れ出す際、上述したような学生の経済的な状況を考えると、交通費は頭の痛い問題となってくる。この点で、本学のバス制度は、経済的な困難を抱えた学生にも、負担が少なく大学の外の世界を見せる機会を提供してくれている。財政的な厳しさが増していく中でも、この種の制度が維持され、できれば拡充されることを期待したい。

3　西洋経済史ゼミの挑戦——フェアトレード活動への展開

ここまで、筆者の教育観と実際のゼミでの学びの一端を記してきた。読者の中には、「他大学と比べて特別変わった取り組みではないな」と思われた方も多いと思う。以下では、ゼミでの学びが思いがけない取り組みへと発展した話を披露したい。本節の内容をもって「個性的なゼミ教育」の実例としたい。

1　取り組みの背景

先に述べたように、本ゼミでは、モノから見た経済史を一つのテーマとして取り組んできた。2012年度のゼミでは、コーヒーの歴史を多角的に検討しながら、「歴史と現代の対話」を試みた。その際、筆者から学生に「世界経済の不平等の象徴として、コーヒーが位置づけられることを、これまで歴史的に振り返ってきました。では、現実的にどのような解決が求められるでしょうか」と発問した。学生たちはこの問題に自主的に取り組み、2012年度から取り組み始めた「合同ゼミ報告会」[18]において、一つの解決策として「フェアトレード」の普及を提案した。西洋経済史を専門としているため、筆者自身、フェアトレードについては名前を知っている程度で、具体的にどのような取り組みが展開されているのか、全く知識がなかった。しかし2012年度のゼミ生たちから、このフェアトレード運動について詳細な内容を教えてもらい、それだけでなく継続的な学びを提案され、2013年度のゼミでも一つのテーマとして取り上げることになった。

2013年度には、日本におけるフェアトレード運動の中心の一つが熊本市であるという2012年度の研究成果を踏まえ、合同ゼミ研修で熊本を訪問することに決定した。熊本市は2011年に、アジア初、世界で1000番目のフェアトレードタウンに選定されている。そして、このフェアトレードタウンへの選定活動の中心として活躍されていたのが、フェアトレードシティ熊本推進委員会の代表理事である明石祥子氏であった。[19] 明石氏には、60名ほどの学生と教員の訪問を突然に打診したところ、快諾していただいた。2013年7月2日、熊本市国際交流会館の会議室を準備していただき、明石氏と熊本市内の学生スタッフの方より1時間ほどの講演を拝聴することができた。質疑応答も極めて活発なものとなった。また同会館には、明石氏が開業され、外国人学生たちが中心となり運営されていた「カフェはちどり」[20]があった。同店からコーヒーやドライマンゴーなどを提供していただき、学生たちはフェアトレード産品を自分たちの舌で味わう経験もできた。講演後、熊本市中央区に位置するフェアトレードショップ・ラブランドも訪問した。取り扱われているフェアトレード商品の幅広さに驚いた次第である。ゼミ生の一人が、講演直後に「明石さんのお話を聞いて、すごく力が湧いてきました」と語っていたのが、強い印象として残っている。他の学生たちも、「一人の人間の運動で町全体を動かすことができるんだ」と口々に語っていた。この明石氏との出会いは、学生たちの学習意欲を大変刺激したようで、その後2013年度のゼミ生は、『チョコレートの世界史』を講読し、その歴史的知見を踏まえて、フェアトレードの取り組むべき課題を共同研究として取り組むこと

18　2012年度から学科の枠を超えた学問の交流の場として実施している。当初3ゼミで始めた報告会だったが、10以上のゼミが参加する取り組みへと発展しつつある

19　2013年の最初の出会いから、友人のような暖かさで私たちを受け入れてくださり、貴重なお話をしていただいている明石祥子氏に心からの謝意を表したい。同委員会の取り組みについては、以下のURLを参照のこと。http://www.fairtrade-kumamoto.com/

20　残念ながら2014年に同店は閉店された。しかし現在でも、国際交流会館には、フェアトレードカフェが経営を続けられている

になった。その成果は同年12月に開催された合同ゼミ報告会で報告され、大変嬉しいことに、最優秀報告賞を獲得することができた。大学内外での学びがうまく昇華された好例であったと言えよう。

2 フェアトレードとは

ここでは、フェアトレードとは何かについて若干の説明を加えておきたい。まずフェアトレードの定義について述べておこう。ここでは渡辺龍也が翻訳した国際的な定義を紹介しておく。

フェアトレードとは、より公正な国際貿易の実現を目指す、対話・透明性・敬意の精神に根差した貿易パートナーシップのことを言う。フェアトレードは、とりわけ南の疎外された生産者や労働者の人々の権利を保障し、彼らにより良い交易条件を提供することによって、持続的な発展に寄与するものである。(渡辺［2010］3－6頁)

今日の経済社会では、先進国では高い技能を持った人材により高度な技術を必要とする資本集約的な経済社会が展開し、他方、途上国では安価な労働力を基盤とする農産物や原材料を生産する労働集約的な経済社会が展開している。フェアトレード活動は、自由競争とは本来対等なパートナー間で行われるものであるが、そもそも不公平なルールの下で行われている現行の自由競争は、途上国の人々から不当に富を奪っているのではないかという問題意識から出発している。

例えば、コーヒーを例にとって考えてみよう。コーヒーの生産国は、ほぼ途上国である。そして、コーヒーの購入者の大半は先進国の消費者である。しかもコーヒー価格は途上国自身が決定できるものではなく、国際市場価格で決定されており、その変動幅も大きい。途上国の小規模生産者にはマーケット情報を的確に入手する手段もなく、自由に販売先を選択するような自由もない。私たちが購入する安価なコーヒーは、このような途上国の生産者の犠牲の上に成立している。フェアトレード運動は、コーヒーの最低買い取り価格を設定し、国際市場がそれを下回った場合でも設定した価格の支払いを保証するものである。しかも、それを長期的に保証することで生産者は、安定的な経営が担保されることになる。また、一定の生産量に対して生産者組合にプレミアム（奨励金）が支払われる。このプレミアムによって、途上国は、地域社会の社会インフラの整備が可能となる。先進国側の消費者が、日常の買い物でフェアトレードのコーヒーを選択することで、不公正な取引の是正が可能になるというのである。

一方、先進国側の消費者にもメリットがある。国際フェアトレード・ラベル機構（FLO）は、フェアトレード産品の基準化に取り組んでおり、様々な品目でフェアトレード産品を名乗るのに必要な認定基準が策定されている。その基準の中には、生産者たちの労働条件や組織の在り方に加えて、環境の要素が取り入れられている。遺伝子組み換え生物の不使用や禁止リストにある農化学物質の使用禁止など、先進国の消費者が関心を寄せる食の安全を担保する内容となっている（渡辺［2010］91-96）。明石祥子氏との懇談の中でも、対価を払っているからこそ、生産者に「より安全な商品」「品質の高い商品」を作ってもらうことができるとの話題があった。フェアトレード運動が、恵まれない人々への単なるチャリティーではないということがお分かりいただけるだろうか。

このような取り組みに、本学の学生が惹かれるのは、なぜだろうか。ゼミ生との対話の中からヒントを得たい。第一には、大学での学びを社会の改善に少しでも活かしてみたいという欲求である。特にコーヒーやチョコレートといった具体的な商品が取り扱われるフェアトレード運動を通して、抽象的な議論が多くなる大学での学びを補完したいという思いがあるように思える。第二には、学生たちが貧困や格差を身近な問題として捉え、その是正の必要性を強く意識していることが挙げられる。第一節で指摘したように、九州の貧困問題は深刻さを増している。年配者たちが考える以上に、学生たちは貧困対策の必要性を意識しているようだ。第三には、活動を通した自己成長である。関係各所との交渉も、学生たちにとっては成長のチャンスとして積極的に捉えているようだ。

ところで、経済史の学びを深める意味でも、フェアトレードは興味深い。経済史・西洋経済史の経済学教育における役割は様々あろうが、長期的な視点から問題を見ることや様々な地域間の相互連関への気づきに導くことは、最低限求められている内容であろう。フェアトレードが扱うコーヒーや砂糖といった商品は、まさに、ヨーロッパの生活革命の主役であった。フェアトレード活動を通じて、それら産品の歴史的な背景を知ることで、学生たちが経済史を現実問題の中に位置づけてくれる効果があるように思われる。[21]

3　フェアトレード普及活動の取り組み

以上のような事情を経て、２０１４年度から、佐世保校でフェアトレードを普及させる運動が始まることになった。２０１４年度の３年生を中心に、佐世保校内にフェアトレード産品を使ったカフェとショップを設置できないかとの検討が始まった。

カフェの設置を目指した背景には、上記のフェアトレードへの関心に加えて、佐世保校ならではの理由もあった。佐世保校周辺は、日本各地のいわゆる学生街にあるような古書店やカフェなどがなく、学生たちの集う場所というのは、学内の学生会館しかないのが現状である。学生たちは、「勉強する場」と「遊ぶ場」の中間に位置するような自由な空間が必要だと感じていたらしい。また大学周辺の住民の方々が大学に立ち寄る機会も少なく、様々な人が交流できる場が必要ではないかとの意見もあった。そこで、学内にカフェを設置して、フェアトレードに触れてもらうと同時に、様々な出会いの場をつくろうということになったのである。この運動を、さしあたり「Sun＋light計画」と名付けることにした。Sunは本学のメールアドレスにも使われており、本学に関係する人であれば多くの人が目にしている文字である。そして、Sunlightは「日光」であり、大学の中で光が差す場となり、途上国の貧困に光を当てようという意味を込めた。そしてlightには、同音異義語で「軽い」「容易な」と

21　なお、フェアトレードに関する専門家による研究も深まりを見せている。２０１５年には、研究の手引書ともなる論文集（Raynolds/Bennett［２０１５］）が刊行された。これについては、２０１６年度に学生たちと輪読する予定である

いう意味がある。気軽な社会貢献の場となる願いの意味を込めた。

そして、同年に、大学が学生活動を支援する「やるばいプロジェクト」に申請することになった。学年を超えて、フェアトレードについての勉強会が開催され、他大学での取り組み内容についての調査が実施された。学長を中心とする最終報告会を終え、やるばいプロジェクトの資金援助を獲得することができた。このやるばいプロジェクト採択を経て、本格的な活動に着手した。まず２０１４年９月に、改めて、熊本のフェアトレード活動の視察を実施した。明石氏のご紹介で、熊本学園大学を訪問することになった。同大学では、外国語学部東アジア学科の申明直教授と同学科を中心とする学生の皆さんが、筆者らの計画とほぼ同じ試みをすでに２０１４年春に実現していた。「東アジア共生カフェ」という学生運営カフェが、熊本学園大学14号館２階にオープンしていたのである。[22] その取り組みの経緯や、店舗開設のプロセスについてのインタビューに出向くことにした。

このインタビューで興味深かった点は、東アジア共生カフェの出発点も、東アジア学科の専門教育にあった点である。専門教育の一環として行われた韓国研修が、フェアトレードに着目するきっかけになったという。ほかにも、今後の目標として東アジアに太陽光発電を設置することを計画していること、実際に店舗を運営することの苦労話などを伺った。現代の若者がこれほどまでに高い志を持っていることに深い感銘を受けた。訪問した本学の学生たちも同じ感想を持ったようだ。

この熊本訪問では、明石氏とフェアトレード活動に従事されている方々との面談の機会も持つことができた（写真２）。前年度の学内合同報告会で行ったフェアトレード研究を聞いていただき、有益なコメントを頂戴した。また、明石氏の活動についての具体例に富んだお話に、学生たちは強く感動していた。当日の宿で、学生たちが感動を抑えられずに語っていた姿は、とても印象的だった。

しかし、帰校後の取り組みは、多くの困難に直面することになった。フェアトレードに関する勉強会は継続したものの、実際のカフェ設置には素人が想像する以上の様々な問題が明らかになってきたからである。その最大の問題は設備の問題であった。衛生管理上、様々な設備が必要になることは予想されていたが、カフェ設置には大規模な改修が必要なことが明らかになったのである。学生たちは関係部署と交渉を続け、本学の事務方、学生生協の職員との会合も複数回開催した。事務職員、学生生協ともに前向きに学生の希望について検討を重ねてもらった。しかし佐世保校は、2014年時点で学部学科再編と校舎の老朽化により、建て替え時期を迎えており、建て替え対象となる学生会館の大幅改修は困難との結論に至った。学生会館や学生食堂を利用したカフェ計画は修正を余儀なくされたのである。

学生たちの協議の結果、他の活動を行うことで、フェアトレードの普及を目指すことになった。一つ目は、佐世保校の大学祭である鵬祭でのコーヒーショップの出店である（写真3）。フェアトレードに関する説明書きを用意し、来学者にフェアトレードのコーヒーを販売することにした。2日間で300

22　東アジア共生カフェの情報については、以下のURLを参照のこと。http://eabookcafe.jimdo.com/　また多忙な中、私たちの訪問の際には必ずカフェに来て下さり、貴重なお話をお聞かせいただいている申明直教授に謝意を表したい

杯のコーヒーを販売し、購入者の多くにフェアトレードの内容を説明することができた。学生だけでなく、多くの学外の方にも関心を持ってもらえたことで、学生たちはフェアトレード活動の推進の可能性を見出したようだった。二つ目は、学食でのフェアトレード商品の展示や説明である。12月から1月の限られた期間であったが、学食という人通りの多い場所で活動したおかげで、フェアトレードという活動自体を知らない学生たちへも一定の宣伝効果が見られた。とはいえ結果は、2014年度に予定していた店舗オープンに辿りつくことはできなかった。活動に参加した学生たちは、大学内外を巻き込んだ活動の難しさ、それぞれの組織が持っている性格の違いなどを痛感したようである。[23]

2015年度も引き続き活動を行うこととした。[24] カフェ形式が困難だと判明したため、今回は、セルフサービス式のコーヒースタンドはできないだろうかと、計画を縮小しながら議論を進めた。しかし残念ながら、この種のコーヒースタンドにも高い衛生基準が求められ、別種の活動を行わざるを得なくなった。大学内でのフェアトレードを応援しようとする動きと学外の法やルールの両立は、なお、大きな課題として残されている。少し横道にそれるが、全国の大学で大学外に学びの場を求める動きがある。大学外で実践的な教育を行う場合、法やルールの中で教育的効果をいかに発揮させるのか、大学人が考えているより難しい課題のように感じている。

それでも、本学学生は前向きに活動に取り組んできた。2015年7月には、オープンキャンパスで、フェアトレードコーヒーの試飲会を実施した（写真4）。活動の原資は、教員と学生の供出で行われた。新たな展示資料だけでなく、タブレット資料も準備され、訪れた100名近い高校生とその保護者にフェアトレードを通じて本学の学びの一端を伝えてくれた。店舗オープンという目標が困難になった中でも、熊本への視察、学園祭への出店、そして勉強会の継続を根気よく続けてきた（写真5、6）。そのような活動を経て、参加者で共有される目標（理想）も具体化されてきた。カフェをオープンさせることで、①フェアトレード活動を通じて世界の不公正の是正に貢献する、②将来的には離島の産品を取り扱い、離島と本土の不公正の是正に貢献する、③得られた利益は県内の児童施設などへ寄付し、地域社会の不公正の是正に貢献する、以上の3つの目標が作られたのである。特に②や③の着想については、長崎で学んでいるからこその内容だろう。本学が推進する「島の教育」が、学生たちの目線を都市部の学生とは異なるものとしているとすれば、本学の地域社会での役割も小さくないと思われる。

２０１４年度当初に本共同研究に参加した時、フェアトレードカフェのオープンの経緯を記載するつもりでいた。残念ながらそれは実現しなかったが、２０１２年度から続く活動は、着実に活動のすそ野を広げており、今後、花が開くものと確信している。またカフェ設置の計画は難航しているが、熊本学園大学の学生たちとの交流やフェアトレードに関する専門的な学びの着手など、２０１６年度以降も取り組みは深化していく予定である。これらの取り組みが、本学ならではの教育へと成長する

23　本稿は２０１５年度末に執筆しているが、この活動を経験した学生の多くが希望の進路を確定できており、学生の成長に一定の効果があったと見られる

24　２０１５年度の取り組みは、本ゼミ3年生の野崎竜也くん、池田明穂さんの二人を中心に行われた

ことを目指している。

結びにかえて

最初に述べたように、本稿の目的は、本学の学生がどれほど前向きに学んでいるかをご紹介することであった。紙幅の都合および筆者の能力の限界から十分な説明ができたわけではないが、学問を軽視する昨今の反知性主義とは正反対の意欲的な学生の姿を少しでも理解して下さったとするならば、幸甚である。第1節で説明したように、現代の若者は「ゆとり世代」と揶揄され、その未熟さ、幼さが批判されることも少なくない。学生の貧困も深刻な状況にある。しかし本学に赴任して気がついたことは、そのような困難な状況下でも前向きに学ぶ若者が実に多いということだった。本共同研究に参加した理由も、日本最西端の大学で筆者が感じた感動を、少しでも皆様と共有したかったからである。

2015年12月に佐世保校で開催された学術講演会で、講師にお招きした安藤隆穂氏が、「お前の代わりなど幾らでもいる」といった言葉があらゆる場所で聞かれる時代だからこそ、個々が「かけがえのない個人」となり、そして世界中の「個人」を尊重できる「世界市民」になる必要があると説かれた。フェアトレード活動に熱心に取り組む学生たちの姿からは、彼らが「世界市民」の卵として、一つの商品の背景にある不公正を想像できる能力を十分に有していることを見てとれるだろう。経済学者A・マーシャルの「冷静な頭脳と暖かい心」を持った経済学の実践例が、長崎県立大学にはある。

ゼミ教育についても、少し私見をまとめておきたい。人文・社会科学のゼミ教育は、大学の教室内の「机上」を中心とする教育である。また専門知識の理解のため、知識伝達型の教育となっていることも間違いないだろう。それは、近年の教育界のキーワードとなりつつある、学生が主体的に考え、行動する「アクティブ・ラーニング」とは、対極にあるように思われるかもしれない。しかし、今回ご紹介したフェアトレード活動は、この机上の学問が発展する形で、アクティブな取り組みへ繋がった。西洋経済史のゼミとしての学びがなければ、学生たちの取り組みは、いわば「ボランティア」「慈善活動」のレベルにとどまったと言えよう。この事例を一般化して言えば、アクティブ・ラーニングの成功には、大学における十分な「机上の学び」が不可欠であると言えまいか。筆者が考えるに、大学教員は、主体的に日々の教育の改善—アクティブ・ラーニングなどの摂取—に常に取り組むと同時に、先人たちが脈々と継承してきた伝統的な教育手法—科学的な論理性や客観性を育成する大学教育、研究に基づく教育—の維持にも努力していく必要があるのではないだろうか。そして、これこそが大学と職業人育成を目的とする専門学校の決定的な違いとなるはずである。

最後に、フェアトレードを推進する学生の存在によって、筆者自身が自らの研究活動だけでは到底出会うことのなかった人々との繋がりや経験を得られた。学生と教員が相互に成長し合うことができるというのが、長崎県立大学なのだと思っている。紙数も尽きつつある。地方の大学の可能性については、いつの日か読者の皆様と佐世保校の「フェアトレードカフェ&ショップSun+light」で議論したい。その日が、遠からぬ将来に実現することを期待して本稿を終えたい。

参考文献

赤石千衣子『ひとり親家庭』岩波新書、2014
阿部彩『子どもの貧困』岩波新書、2008
阿部彩『子どもの貧困Ⅱ』岩波新書、2014
阿部真大『地方にこもる若者たち』朝日新書、2013
新井立夫/石渡嶺司『バカ学生に誰がした? 進路指導教員のぶっちゃけ話』中公新書ラクレ、2013
アンブローズ・Sら『大学における「学びの場」づくり』栗田佳代子訳・玉川大学出版部、2014
石渡嶺司『最高学府はバカだらけ 全入時代の大学「崖っぷち」事情』光文社新書、2007
石渡嶺司/山内太地『アホ大学のバカ学生 グローバル人材と就活迷子のあいだ』光文社新書、2012
内田樹編『日本の反知性主義』晶文社、2015
海老原嗣生/倉部史記/諸星裕/山内太地『危ない大学』羊泉社、2012
小方直幸「大学における職業準備教育の系譜と行方」広田照幸ら『シリーズ大学3 教育する大学』岩波書店、2013、21-47頁
小田隆治/杉原真晃編著『学生主体型授業の冒険2』ナカニシヤ出版、2012

金子元久『大学教育の再構築』玉川大学出版、2013
苅谷剛彦『アメリカの大学・ニッポンの大学』中公新書ラクレ、2012
苅谷剛彦『イギリスの大学・ニッポンの大学』中公新書ラクレ、2012
苅谷剛彦『学力と階層』朝日文庫、2012
木村誠『消える大学生き残る大学』朝日新書、2011
楠見孝／子安増生／道田泰司編『批判的思考力を育む』有斐閣、2011
工藤啓／西田亮介『無業社会　働くことができない若者たちの未来』朝日新書、2014
倉部史記『看板学部と看板倒れ学部　大学教育は玉石混交』中公新書ラクレ、2012
グリフィン・Pら編『21世紀型スキル』三宅なほみ監訳、益川弘如／望川俊男編訳、北大路書房、2014
経済産業省編『社会人基礎力育成の手引き』河合塾、2010
小林哲夫『ニッポンの大学』講談社現代新書、2007
小林雅之『進学格差――深刻化する教育費負担』ちくま新書、2008
児美川孝一郎『キャリア教育のウソ』ちくまプリマー教育、2013
斎藤環『ヤンキー化する日本』角川Oneテーマ21、2014
佐藤優『佐藤優の10分で読む未来　戦争の予兆編』講談社、2014
佐藤優『知性とは何か』祥伝社、2015
沢田健太『大学キャリアセンターのぶっちゃけ話』ソフトバンク新書、2011
下野新聞子どもの希望取材班『貧困の中の子ども』ポプラ新書、2015
奨学金問題対策全国会議編『日本の奨学金はこれでいいのか！　奨学金と言う名の貧困ビジネス』あけび書房、2013
田中毎実「なぜ「教育」が「問題」として浮上してきたのか」広田照幸ら『シリーズ大学3　教育する大学』岩波書店、

２０１３、21－47頁
田村秀男『日経新聞の真実　なぜ御用メディアと言われるのか』光文社新書、２０１３
手島龍一／佐藤優『知の武装 救国のインテリジェンス』新潮新書、２０１３
友野伸一郎『対決！　大学の教育力』朝日新書、２０１０
中村淳彦『女子大生風俗嬢　若者貧困大国・日本のリアル』朝日新書、２０１５
濱中淳子『検証・学歴の効用』勁草書房、２０１３
濱中義隆「多様化する学生と大学教育」広田照幸ら『シリーズ大学２　大衆化する大学』岩波書店、２０１３、47－74頁
原田曜平『ヤンキー経済　消費の主役・新保守層の招待』幻冬舎新書、２０１４
日比嘉高『いま、大学で何が起こっているか』ひつじ書房、２０１５
広田照幸ら編『シリーズ大学５　教育する大学――何が求められているのか』岩波書店、２０１３
本田由紀『教育の職業的意義』ちくま新書、２００９
室井尚『文系学部解体』角川新書、２０１５
諸星裕／鈴木典比古『弱肉強食の大学論』朝日新書、２０１４
矢野眞和『大学改革の海図』玉川大学出版部、２００５
山野良一『子どもに貧困を押し付ける国・日本』光文社新書、２０１４
横瀬勉『人事のプロは学生のどこを見ているか』ＰＨＰビジネス新書、２０１０
吉川徹『学歴分断社会』ちくま新書、２００９
吉見俊哉『大学とは何か』岩波新書、２０１１
渡辺龍也『フェアトレード学』新評論、２０１０
Raynolds,L.／Bennett,E.（eds.）Handbook of Research on Fair Trade, Edward Elgar、２０１５

写真１　2013度合同ゼミ研修旅行の様子

写真２　2014年9月　熊本フェアトレード推進委員会代表理事、明石祥子氏（写真左）との懇談会

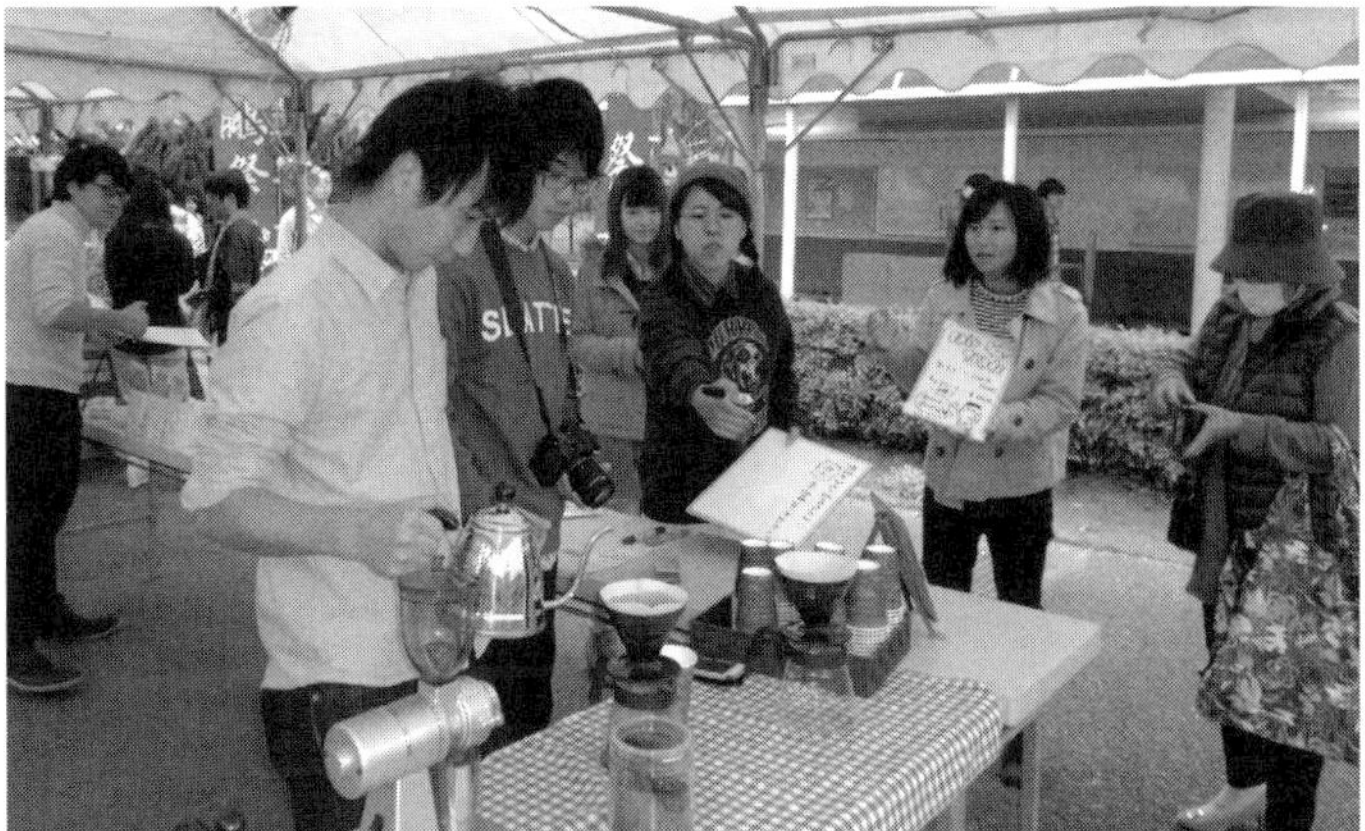

写真３　2014年学園祭でのフェアトレードコーヒー販売

写真4　2015年度オープンキャンパスでのフェアトレード紹介

写真５　2015年9月　熊本学園大学訪問

写真６　2015年9月　明石祥子氏との懇談会

写真７　2015年12月　学内合同ゼミ報告会の様子

大学教育におけるアクティブ・ラーニングとしまなびプログラムの成果

綱　辰幸

はじめに

現在、大学教育を取り巻く環境は大きく変化している。少子高齢化の進展、人口減少に伴う若年人口の減少や、ビジネス、文化の国際化、そしてそのような状況を踏まえて社会や学生が大学教育へ求めるものが近年大きく変化してきている。加えて、「2018年問題」など入学者の「量」と「質」の確保が現在より一層困難な状況になることが予想される。

他方で、少子化、大学の全入時代などと言われているなかで、文部科学省においても、大学、大学教育のあり方について議論が続けられている。

長崎県県立大学においては定員の未充足といった問題はないものの、学生の質が多様化し、学生のニーズや社会が求める人物像が変化しているなかで、地方公立大学として、どのように対応すべきかが問われる状況となっている。

そこで本稿では、まず、現在の学生像と社会のニーズに対応したアクティブ・ラーニングについて、その現状、種類と役割について述べる。このうち、アクティブ・ラーニングの1つの手法であるプロジェクト・ベース学習（ＰＢＬ）についても、本学の教育課程と関連してくるので言及する。そして、２０１３（平成25）年度に文部科学省の「地（知）の拠点整備事業」に採用されたことから本学で実施された「しまなびプログラム」について、ＰＢＬを活用したその仕組みと、教育的な効果について学生へのアンケート調査を中心にその有効性を述べる。

1　近年の「大学教育の改善」の動向

改革の経緯

近年の文部科学省及び大学審議会（現在、中央教育審議会に統合）における「大学教育の改善」の動きは次のような経緯をたどっている。

90年代後半、『21世紀の大学像と今後の改革方策について』の中において、人口の少子高齢化の進展、大学設置の拡大及び経済の一層の国際化を背景に、90年代初頭以降軽視の傾向が見られた教養教育の重要性を再認識するとともに、現行教育の改善を提言した。具体的に現在の大学における課題の一つとして、「……授業では教員から学生への一方通行型の講義が行われている、（中略）、教育内容と教育方法の両面にわたり多くの問題点が厳しく指摘されている。また、学生によっては、授業に出席しない、授業中に質問をしない、授業時間外の学習が不十分である、議論ができないなど、学習態度とその成果の両面について問題点が指摘されている」として、学部教育における教員の教育方法、学生に学ばせる環境の醸成に問題点を指摘している。また他方で、21世紀初頭の学部（学士課程）教育として、「……自ら主体的に学び、考え、柔軟かつ総合的に判断できる能力等の育成が重要であるという観点に立ち、幅広く深い教養、高い倫理観、実践的な語学能力・情報活用能力の育成とともに、専門教育の基礎・基本等を重視するなどの方向で学部の教育機能を組織的・体系的に強化していくことが必要である」[1]と指摘している。

そして、同答申では、大学改革の基本理念として、⑴課題探求能力の育成を目指した教育研究の質の向上、⑵教育研究システムの柔構造化による大学の自律性の確保、及びそれを支える⑶責任ある意思決定と実行を目指した組織運営体制の整備、さらにこうした取り組みについての⑷多元的な評価システムの確立による大学の個性化と教育研究の不断の改善、の4つを挙げている。[2]このうち、⑴の課題探求能力については次のように述べている。「21世紀初頭の社会状況の展望等を踏まえると、今後、高等教育においては、「自ら学び、自ら考える力」の育成を目指している初等中等段階の教育を基礎とし、「主体的に変化に対応し、自ら将来の課題を探求し、その課題に対して幅広い視野から柔軟かつ総合的な判断を下すことのできる力」（課題探求能力）の育成を重視することが求められる」[3]として、大学において学生自らの主体的な学びの必要性、重要性を指摘している。

このように大学における学部教育において、以前のような、教員主体の一方的な講義を中心とした教育方法から、学生自らが課題を探求し、自ら考え判断を下す能力の育成への変化が注目されるようになった。

その後、『学士課程教育の構築に向けて』〔２００８〕においては、いわゆる「大学全入」時代における学生の「質」の保障や、厚生労働省の「若年者就業基礎力」〔２００６〕、経済産業省の「社会人基礎力」〔２００６〕など産業界の期待・要請する能力やコンピテンシーなどの社会的要請を踏まえつつも、大学の役割は、職業人養成ではないという点も配慮し、学士課程の「学習成果」のあり方を再考する必要性が生じてきた。[4] このような点を踏まえて、同答申では改革の方向として、「学士力」を挙げた。この学士力は、各種の分野横断的に我が国の学士課程教育が共通して目指す「学習成果」であり、出来るだけ汎用性があるものを指摘したことである。つまり先に挙げた「学習成果」とは、分野、大学、学部・学科を問わず、達成すべき標準的な基準といえよう。[5]

この文部科学省の「学士力」は、職場や社会の中で多様な人々とともに仕事を行っていく上で必要な基盤的能力である[6]「社会人基礎力」と、汎用的技能、態度・志向性などの点で類似しており、大学

1　大学審議会『21世紀の大学像と今後の改革方策について』第1章3(1)、１９９８
2　同答申、はじめに
3　同答申、第1章3(3)
4　中央教育審議会『学士課程教育の構築に向けて』２００８、13－14頁
5　同　14－15頁

から社会への橋渡しに必要かつ基礎的な能力であり、多くの学生にとって大学の期間に獲得すべき能力といえよう。

2　アクティブ・ラーニングの意義と分類

1　学士力、社会人基礎力とアクティブ・ラーニング

では、そのような学士力、社会人基礎力を学士課程でどのように確保するのかが次の課題として重要になる。

その獲得手段の1つがアクティブ・ラーニングといえよう。中央教育審議会の『新たな未来を築くための大学教育の質的転換に向けて～生涯学び続け、主体的に考える力を育成する大学へ』〔2012〕において、「生涯にわたって学び続ける力、主体的に考える力を持った人材は、学生からみて受動的な教育の場では育成することができない。従来のような知識の伝達・注入を中心とした授業から、教員と学生が意思疎通を図りつつ、一緒になって切磋琢磨し、相互に刺激を与えながら知的に成長する場を創り、学生が主体的に問題を発見し解を見いだしていく能動的学修（アクティブ・ラーニング）への転換が必要である。すなわち個々の学生の認知的、倫理的、社会的能力を引き出し、それを鍛え

るディスカッションやディベートといった双方向の講義、演習、実験、実習や実技等を中心とした授業への転換によって、学生の主体的な学修を促す質の高い学士課程教育を進めることが求められる。学生は主体的な学修の体験を重ねてこそ、生涯学び続ける力を修得できるのである」[7]と知識伝達型授業から能動的学修（アクティブ・ラーニング）への転換を主張している。先に引用にあったアクティブ・ラーニングとは、同答申の用語集において「教員による一方向的な講義形式の教育とは異なり、学修者の能動的な学修への参加を取り入れた教授・学習法の総称。学修者が能動的に学修することによって、認知的、倫理的、社会的能力、教養、知識、経験を含めた汎用的能力の育成を図る。発見学習、問題解決学習、体験学習、調査学習等が含まれるが、教室内でのグループ・ディスカッション、ディベート、グループ・ワーク等も有効なアクティブ・ラーニングの方法である」[8]とある。つまり、アクティブ・ラーニングとは、伝統的な教授方法からグループ・ディスカッションやグループ・ワークなどを取り入れるといった転換があげられる。しかし、それだけでなく、修学者の能動的学習の育成を図ることで、問題発見、課題探求能力の育成に加えて、倫理的、社会的といった能力の育成も意図したものである。

また溝上慎一氏は、著書『アクティブラーニングと教授学習パラダイムの転換』[9]において先行研究

6　経済産業省経済産業政策局産業人材政策室『社会人基礎力育成の好事例の普及に関する調査』２０１４、1頁
7　中央教育審議会『新たな未来を築くための大学教育の質的転換に向けて』、２０１２、9頁
8　中央教育審議会　同上答申「用語解説」、37頁

から、「一方的な知識伝達型講義を聴くという（受動的）学習を乗り越える意味での、あらゆる能動的な学習のこと。能動的な学習には、書く・話す・発表するなどの活動への関与と、そこで生じる認知プロセスの外化を伴う」[10]と定義している。つまり、一方的に聴く学習から、「書く・話す・発表する」を能動的学習と見なし、そのような学習の関与と、そこで生じる認知プロセスの外化を伴う学習といった特徴を少しでも持っていれば、アクティブ・ラーニングということができると述べている。[11]

また、平成26年の中央教育審議会においては、大学教育の質的変化として、「大学教育においては、高等学校教育において培われた「生きる力」、「確かな学力」を更に発展・向上させるよう、教育内容、学習・指導方法、評価方法、教育環境を抜本的に転換する。このため、「主体性・多様性・協働性」を育成する観点からは、大学教育を、従来のような知識の伝達・注入を中心とした授業から、学生が主体性を持って多様な人々と協力して問題を発見し解を見いだしていくアクティブ・ラーニングに転換し、特に、少人数のチームワーク、集団討論、反転授業、実のある留学や単なる職場体験に終わらないインターンシップ等の学外の学修プログラムなどの教育方法を実践する」と述べ、大学教育についてアクティブ・ラーニングへの転換を促している。[12]

また、松下佳代はアクティブ・ラーニングの一般的特徴として、次の6つの点を挙げている。[13]（a）学生は、授業を聴く以上の関わりをしていること。（b）情報の伝達より学生のスキルの育成に重きが置かれていること。（c）学生は高次の思考（分析、総合、評価）に関わっていること。（d）学生は活動（例：読む、議論する、書く）に関与していること。（e）学生が自分自身の態度や価値観を探究することに重きが置かれていること。（f）認知プロセスの外化（問題解決のために知識を使ったり、人に話したり書いたり発表したりすること）を伴うこと。アクティブ・ラーニングは教授法の変化だけでなく、学生の勉強や他者に対する向き合い方や、そこから得られる自己の成長とも大きく関わっている。

そこには、従来型のペーパーテストだけでなく、パフォーマンス評価として生徒のプレゼンテーションやグループ内や授業中のふるまいなどを通じて、理解の深さや学んできた知識などを総合的に活用できているかなどを評価することが必要となる。[14] 加えて、パフォーマンス評価については、ルーブリックが評価基準として活用される。このルーブリックは、アメリカで開発された学修評価の基準の作成方法であり、A、B、Cや良い、ふつう、悪いなどの評価水準である「尺度」と、「○○ができるなど」の尺度を満たした場合の「特徴の記述」で構成されている。[15]

9　溝上氏は〝active learning〟をひとまとまりの連語として「・」を記載しない
10　溝上慎一『アクティブラーニングと教授学習パラダイムの転換』東信堂、2015・7（第4版）、7頁
11　前掲書、10頁
12　中央教育審議会『新しい時代にふさわしい高大接続の実現に向けた高等学校教育、大学教育、大学入学者選抜の一体的改革について』2014、20頁
13　松下佳代「ディープ・アクティブ・ラーニングへの誘い」『ディープ・アクティブ・ラーニング』勁草書房、2016・3、1－27頁
14　松下佳代、前掲書、14－15頁

2　アクティブ・ラーニングの分類

アクティブ・ラーニングについて、フィンク（Fink, L.Dee）の分析をもとに、溝上氏は表1のようにアクティブ・ラーニングを3つのタイプに 分類した。[16]

アクティブ・ラーニングについても、タイプ1のように教員主導・講義中心であっても若干受動的な学習から脱却し、コメントシートや小テストを導入するといったものから、学生主導型のタイプ3がある。このタイプ3では、（例えば授業の前段など）部分的に教員からの講義があったとしても、原則学生主体で授業が進められていくこととなる。具体的には、協働学習、ＰＢＬやケースメソッドなどがこれに分類される。

また、ブルーム（Bloon, B）[17]は、認知的領域の学習目標を、知識、理解、応用、分析、統合、評価の6段階に分類している。ここで、ブルームは、「知識」（定義、原理、公式など、以前学習した教材を覚えていること）を最も低次なものとして、もっとも高次の学習目標である「評価」では、一定の評価基準を使用して、何かの価値を合理的に判断するとしている。[18]

この認知領域の学習目標の分類とアクティブ・ラーニングの技法を含む学習方法との関係を見たのが表2である。「講義」では、知識のみであるが、アクティブ・ラーニングの技法を活用することが、

15　中央教育審議会「用語解説」『新たな未来を築くための大学教育の質的転換に向けて』２０１２、39頁
16　溝上前掲同書、70－72頁
17　Bloom,B.S.（ed）."Taxonomy of Educational Objective.Vol.1:Cognitive Domain." New Yerk, Mckay,1956. P18

表1　アクティブ・ラーニング型授業のさまざまな技法と戦略

タイプ	学習の形態	主導形態	伝統的講義に対するアクティブ・ラーニング型授業としての戦略性	技法・戦略
タイプ0	受動的学習	教員主導型	-	・話し方（声の大きさやスピード） ・板書のしかた ・パワーポイントのスライドの見せ方 ・実物やモデルによる提示
タイプ1	能動的学習	教員主導 講義中心型	低	・コメントシート／ミニッツペーパー（大福帳／何でも帳など） ・小レポート／小テスト ・宿題（予習／演習問題／e-Learning など） ・クリッカー　・授業通信
タイプ2	能動的学習	教員主導 講義中心型	中～高	・ディスカッション ・プレゼンテーション ・体験学習
タイプ3	能動的学習	学生主導型	高	・協同・協調学習 ・調べ学習 ・ディベート ・LTD話し合い学習法（Learning Through Discussion） ・ピアインストラクション（Peer Instruction） ・ＰＢＬ（Problem-Based Learning） ・ＰＢＬ（Project-Based Learning） ・チーム基盤学習（TBL：Team-Based Learning） ・IBL（Inquiry-Based Learning） ・ソクラテスメソッド ・ケースメソッド（Case-Based Teaching /Instruction） ・発見学習（Discovery Learning） ・ピアラーニング（Peer Learning） ・FBL（Field-Based Learning）／フィールドワーク ・加速度学習（Accelerated Learning） ・ＢＬＰ（Bisiness Leadership Program）

出所：溝上慎一『アクティブ・ラーニングと教授学習パラダイムの転換』、71頁（一部改変）

表2　異なる学習成果に対応するアクティブ・ラーニングの技法[19]

	知識	理解	応用	分析	統合	評価
講義	○					
双方向型の講義	○	○				
ディスカッション		○				
書く、話す		○	○	○	○	○
各種評価技法		○	○	○		○
協同学習		○				
ピア評価		○		○		○
実験		○	○			
ケースメソッド			○	○	○	○
探究型学習	○		○	○	○	○
問題基盤型学習 (Problem-Based Learning)	○		○	○	○	○
プロジェクトベース学習（ＰＢＬ）	○	○	○	○	○	○
ロールプレイ、シミュレーション		○	○	○		○
サービスラーニング			○	○	○	○
フィールドワーク	○		○	○	○	○

出所：中井俊樹『アクティブ・ラーニング』34頁（一部改変）

多数かつ高次の認知的領域の学習目標を獲得するに有効ということができる。「書く、話す」など基礎的な手法を除けば、プロジェクト・ベース学習（ＰＢＬ）は全ての目標を獲得できる可能性がある。また探究型学習、問題基盤型学習（ＰＢＬ）とフィールドワークは5つの学習目標の獲得に有効な手法である。

3　2つのＰＢＬ

ここで2つのＰＢＬが存在することに注目して欲しい。Problem-Based LearningとProject-Based Learningである。どちらも、ＰＢＬと略称で呼ばれるものの、前者は問題基盤型学習、後者はプロジェクト型学習と訳されることが多い。それぞれについて、簡単に説明すると次のようになる。まず、問題基盤型学習は、重要な問題について調査、説明そして解決するといったことが組み合わさった体験上の学習に、焦点を当てたものである。小グループで協力して作業し、問題を解決するために必要なことを学ぶ。[20]

これに対して、プロジェクト・ベース学習もＰＢＬと略称で呼ばれるが、その内容は次のようである。

「大枠のテーマに沿って学生が自ら課題や目標を設定し、その解決や現実に向けて自ら計画し、実行する過程から学ぶ技法。（略）学生の主体性が最大限尊重されること、現実の問題を扱うことが特徴」[21]

このプロジェクト・ベース学習は、１９９５年に地域で発生した課題について、ミネソタ・ニューカントリースクールの学生が、行政や大学職員とともに、調査に取り組んだなかで開発された学習法である。[22] その結果、伝統ある高校でも卒業者が50％を下回ったなか、同じアプローチを活用した高校の学生については90％以上が卒業した。また、90％以上が2年または4年制の大学に進学した。[23]

18 バーバラ・グロス・ディビス著、香取草之助監訳『授業の道具箱』東海大学出版部、２００８、103－104頁
19 Nilson,L. "Teaching at Its Best: A Reseach-Based Resource for College Classroom", Joss-Bass, 2010, p.107
20 Hmelo-Silver ,C.E. "Problem-Based Learning : What and How Do Students Learn? " Educational psychology review Vol.1,no.1, 1989, p.236-7
21 中井俊樹『アクティブ・ラーニング』、玉川大学出版部、２０１５・12、174頁
22 ロナルド・Ｊ・ニューエル（著）、上杉賢士、市川洋子監訳『学びの情熱を呼び覚ます　プロジェクト・ベース学習』、学事出版、２００４、23頁
23 同上、７頁

表3　問題解決における状況に埋め込まれた学習アプローチ[24]

	Problem-based Learning	Project-based Science
問題・課題	現実的だが構造が不明確な問題	Driving Question（課題へと導くような質の高い質問）
問題の役割	学習情報と論証のための戦略に焦点を当てる	具体的なプロダクトを生み出す科学的探求プロセスに焦点を当てる
プロセス	事実の明確化、アイディア創造など学習課題、SDL、再確認、振り返りを生み出す	予測，観察，再度の説明
教員の役割	学習プロセスとモデル推論をファシリテートする	やり取り（inquiry）の前または歳入に関連する内容を提示する
協調活動	アイディアに対する議論 個々の学生がグループでの問題解決に新しい知識をそれぞれ持ってくる	仲間やローカルコミュニテイメンバーと議論する（negotiation）
ツール	使いやすいホワイトボード 学生と同行できる学習資源	計画、データ収集、分析、モデリング、情報収集などを支援するコンピュータベースのツール

出所：根本淳子他著『問題解決型学習デザインの研究動向』、2頁（一部改変）

２つのＰＢＬについてはHmelo-Silver, C.E.が表３のようにまとめている。この２つのＰＢＬはそれぞれアクティブ・ラーニングの手法の１つであるが、その違いをあえて指摘すると次のようになる。

まずテーマについて、問題解決型学習では、問題の提示や取り組みのプロセスは教師が提示することが多い。プロジェクト・ベース学習についても、課題については教師が提示するケースが多いものの、解決すべき問題の設定、視点は、参加学生のグループなどに任されることが多い。そのため、プロジェクト・ベース学習の場合、成果が教師の予想したものと異なるケースもみられる。[25]

プロジェクト・ベース学習は、最終的なプロジェクトの解決、成果の作成をゴールとして、プロジェクト・ベースの学習が進められている。これに対して、問題解決型学習では、問題解決のプロセスにおいて、学習態度や、問題解決能力を育てることを目指している。あえて違いを指摘すれば、プロジェクト・ベース学習では、プロジェクトを重視しているのに対して、問題解決型学習については、プロセスを重視しているといえよう。[26]

いずれにせよ、ＰＢＬとして、現実の課題を与えその解決策に取り組ませるのは、学生たちが将来社会に出た場合、直面するであろう課題についてその解決に必要な学習の態度、能力を育てることを主要な目的としているからである。[27]

教科書等を活用し、講義を中心とした基礎的な学習は、学生、受講生の将来的な自己実現のための必要条件であることは多くの人にとって異論はないものを思われる。ただ基礎的な学習は自己実現のための必要条件ではあるものの、十分条件とは言えない。十分条件を満たす学習戦略としてＰＢＬが活用すべき手法といえよう。[28]

24 Hmelo-Silver ,C.E. Ibid, p.238.
25 溝上慎一『アクティブ・ラーニングとしてＰＢＬと探究的な学習』東信堂、２０１６・３、14－15頁
26 同上
27 同上
28 同上、16頁

3　長崎県立大学におけるしまなびプログラム

1　プログラム実施の経緯

我が国における急激な少子高齢化の進展、地方の人口減少と都市への人口集中や東日本大震災の発生という状況の中、「目指すべき新しい大学像」として、主に、「学生がしっかり学び、自らの人生と社会の未来を主体的に切り拓く能力を培う大学」、「地域再生の核となる大学」、「生涯学習の拠点となる大学」、「社会の知的基盤としての役割を果たす大学」を提示、文部科学省では、２０１３年度から、大学の主な役割は、教育と研究と社会貢献と指摘している。とりわけ、ＣＯＣ（center of community）機能は全ての大学に求められる機能であり、その中で事業目的に照らして特に優れた大学を重点的に支援する「地（知）の拠点整備事業」を実施した。[29]

これは、全学的な取り組みを明確化するなかで、地域の課題（ニーズ）と大学の資源（シーズ）のマッチングにより、地域と大学が必要と考える取り組みを全学的に実施するとともに、大学と自治体が組織的・実質的に協力することで、地域社会における課題の共有と、それを踏まえた対策の立案・実施まで議論し実行することを目指したものである。

その結果、大学での学びを通じて地域の課題等の認識を深め、解決に向けて主体的に取り組むことができる人材を育成することなどにより、地域再生・活性化の拠点となる大学を形成することを目的

表4　地（知）の拠点整備事業　申請・採用状況

		単独		共同		合計	
		申請数	採択数	申請数	採択数	申請数	採択数
大学	国立	48	20	3	2	51	22
	公立	51	11	7	3	58	14
	私立	164	14	16	1	180	15
	小計	263	45	26	6	289	51
短期大学	公立	2	0	6	1	8	1
	私立	22	2	10	0	32	2
	小計	24	2	16	1	40	3
高等専門学校	国立	12	1	1	1	13	2
	公立	0	0	0	0	0	0
	私立	0	0	0	0	0	0
	小計	12	1	1	1	13	2
合計		299	48	43	8	324	56

出所：文部科学省のwebサイト：『平成25年度「地（知）の拠点整備事業」の選定状況について』

としている。

この「地（知）の拠点整備事業」（以下ＣＯＣ事業とする）については、312件の申請（内単独299件）のうち採用は52件（内単独48件）であった。（表4参照）

長崎県立大学のＣＯＣ事業は単独申請で採用された48件の1つであり、長崎県の大学の唯一の採択校となった。本学のＣＯＣ事業のテーマは、「長崎のしまに学ぶ―つながる　とき・ひと・もの―」として、離島が多い長崎県の特徴をいかし、長崎県内の「しま」を新たなキャンパスとして、平成25年度から29年度の5年間にわたるプログラムを実施している。なぜ「しま」なのかということについては、一般に諸島部は人口減少など今後日本中で生じるであろう

29　文部科学省高等教育局大学振興課『平成25年度　地（知）の拠点整備事業』２０１４、２－３頁

課題に先取り的に直面しているからである。そのような課題について、グローバルな視点をもち、かつ地域課題に主体的に解決できる人材を育成すること。また、大学が学んだ成果は人材の育成や産業振興等のかたちで地域に還元することを目的としている。そこで、プログラム実施にあたり、平成25年度までに、五島市、対馬市、壱岐市、佐世保市、平戸市、小値賀町、新上五島町といった離島を抱える5市2町とシーボルト校のある長与町との連携協定等を締結し、地元自治体との推進体制を確立した。

本学のカリキュラムとしては、教育プログラムとして「しまなびプログラム」を創設した。全学教育科目として科目群「しまに学ぶ」と、講義科目「長崎のしまに学ぶ」（2単位）と演習科目「しまのフィールドワーク」を設け、佐世保校、シーボルト校で配当年次が違うものの、全学生必修、専任教員全員担当としてプログラムを進めている。

講義科目の「長崎のしまに学ぶ」は次のようなながれになっている。最初に、全体の講義概要、全般的なしまの課題に関する講義のあと、抽選により対馬、壱岐、五島などフィールドワーク実施区域を振り分け、PBLにより現地でのフィールドワーク計画を作成する。佐世保校ではPBLのグループについては2年生の総合演習でグループに分けた。[30] ここでの計画については、しまにおけるフィールドワーク調査の項目だけでなく、しまの中での移動などについても学生が計画を立てている。

30　総合演習を基礎としたグループ分けは平成27年度までで、28年度以降は調査目的、期間、しまなどの総合演習とは別のグループでPBLを実施している

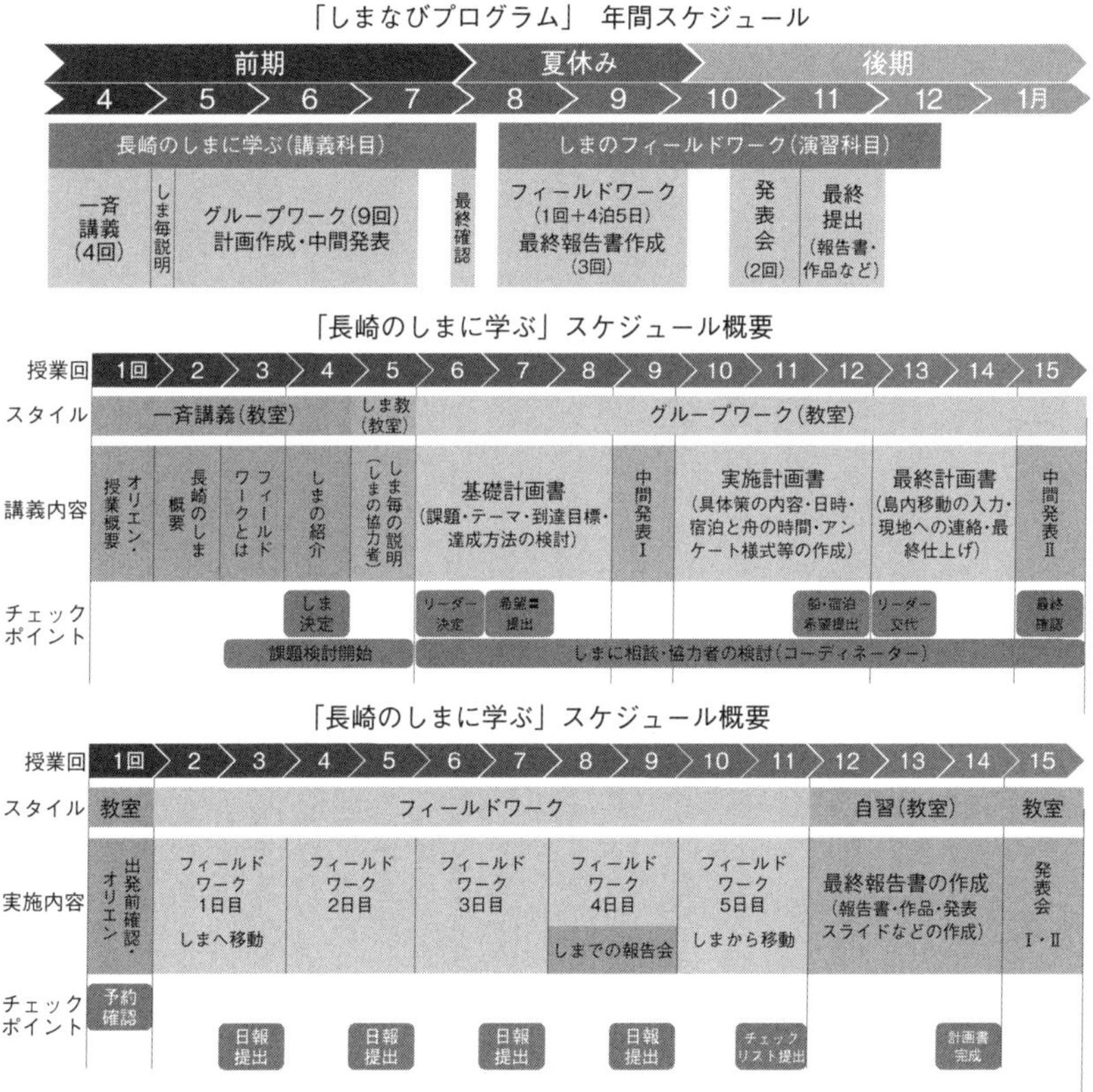

出所：長崎県立大学「『しまなび』プログラムとは」（地（知）の拠点整備事業（大学ＣＯＣ事業）より

図１　しまなびのスケジュールと個別授業の概要

その後、夏期休業中に、4泊5日のしまのフィールドワークへと向かった。フィールドワークは、月曜日にフィールドワーク計画の確認を行い、火曜日からしまに移動し、4泊5日の行程でフィールドワークを進め、木曜日にしまでの中間報告会、そして翌日に大学に戻るのが一般的な行程である。フィールドワーク終了後、大学等において数回グループで協議を行い2015年度の場合、11月2日に学科別にフィールドワークの報告会を行った。（全体のしまなびプログラムの流れは図1参照）

2　しまなびプログラムに関するアンケート調査（社会人基礎力）

しまなびプログラムにおいては、社会人基礎力の育成ということも、目標のひとつにあるので、全体で4回およそ2か月ごとに参加学生に社会人基礎力の習得の状況について、授業の進行を管理する学内のオンラインサイト"shimanabi"において、学生自身のふりかえりとして、記入を求めている。内容については、表5にあるような質問項目について、「はい」または、「いいえ」での回答を求めている。

本節では、しまなびプログラムにおけるアクティブ・ラーニング、PBLにおいて学生が社会人基礎力を獲得できたのか、自己の振り返りを調査したものである。

今回のアンケートについて、調査の趣旨を理解していただいた経済学科の6つの2年生ゼミ（科目名、総合演習）64名（男性48名、女性16名）についてご同意のもとデータを活用させていただいた。この64名は経済学科の約4割にあたる人数である。

調査に協力いただいた64名について、第1回目4月分の調査と、フィールドワーク終了後の10月分（実質9月中下旬）の社会人基礎力に関するデータを利用した。各問いについては、「はい」または、「いいえ」で尋ねたものである。

各問いについて10月の時点での「はい」の回答数から、4月の時点での「はい」の回答数を引いたものが表7の数字である。つまり、4月より9月における「はい」の数が多ければプラス（正）の数字となり、はいの数が相対的に少なければマイナス（負）の数字となる。ただ表には、反転項目として、減少する方が望ましい質問項目もある。

それぞれの項目について以下でみていく。

（1）対人

親和力については、もともと4月時点でも50を超え、高い値が見られているなど、大きな改善は見られない。最初の「相手のことを考えないままの言動をとる場面がある」については、グループでの学習を考えると、「はい」が減りマイナスの値をとる方が望ましいと考えられる。しかし、結果としては、はいと答え人の数が9月の方が上回ることとなった。他方で4つめの「誰からでも信頼される人間関係を維持し、継続できる」については大幅な改善がみられる。これは、しまなびプログラムを通じた大学での学習、しまでのフィールドワークを通じて、自分の行動についての「気づき」や、他のメンバーからの指摘があったことや、グループでの活動における学生たちの順応性や、グループにおけるメンバー間の距離感の確保が影響したものと考えられる。

次の協働力については全体として、（1）、（2）、（3）については必ずしも良い結果は見られていない。ただ、それらについては、4月の時点から望ましい方の値が高いことが影響したものと思われる。また、「チームの雰囲気づくり」、「目標達成への働きかけ」については一部改善がみられた。

統率力については、大きく変化した部分がみられた。「自分の意見を粘り強く述べ説得」、「意見を調整し、話し合いをまとめる」、「建設的・創造的な議論への誘導」、「リーダーとして最良な議論に導く」についてはかなりの改善がみられた。特に、「建設的・創造的な議論への誘導」は約3割弱の学生がこの学習課程でスキルを獲得したようである。他方で、（1）の議論への積極的参加は高い割合とは言えず、このプログラムで積極性の獲得・参加はあまり変化していない。

（2）対自己

まず、感情制御力については、ストレスコントロールについて、ストレスのある中冷静なものごとの遂行、ストレスがある中前向きに取り組む姿勢について改善が見られ、特に、ストレスの中での前向きに取り組む姿勢は大幅な改善が見られている。特に、後者については、前期座学の中、フィールドワーク終了時での島の人々を前にした中間報告会などが影響したことが予想される。その反面、自分の感情のコントロールについては、抑制できない学生の増加があることなど、気にかかることも存在している。

表５　社会人基礎力の変化

		質問項目	(b) - (a)	4月時点での「はい」(a)	9時点での「はい」(b)
対人	親和力	相手のことを考えないままの言動をとる場面がある。	6	16	22
		相手の立場、気持ちなどの人間関係に配慮できる。	-4	59	55
		異なる考えや意見の人であっても、話をよく聞き理解を示すことができる。	-1	58	57
		誰の話でも興味を持って受け入れ、理解し合えることができる。	2	53	55
		どんな相手でも尊重し、誰とでも人間関係を作ることができる。	6	43	49
		誰からでも信頼される人間関係を維持し、継続できる。	13	38	51
	協働力	グループの中で、割り当てられたことに取り組めない場合がある。	4	18	22
		集団の中で、自分が考えたやるべき物事は自分なりに実行できる。	-1	55	54
		チームの中で自分なりにチームへの貢献を考えて行動できる。	-2	57	55
		仲間のやる気が出るように働きかけられ、チームの雰囲気づくりに貢献できる。	6	40	46
		個人的な支援を全力でサポートでき、チームのやる気を喚起できる。	1	37	38
		全員の役割を理解し、各自の目標に全員が到達するようチームに働きかけることができる。	6	39	45
	統率力	相手に自分の意見が伝えられず、議論に消極的な場合がある。	0	40	40
		議論中に議論の目的に合わせて、自分の意見を述べることができる。	9	42	51
		意見の異なる相手でも、自分の意見を粘り強く述べ説得することができる。	13	27	40
		さまざまな意見の中にあっても意見を調整し、話し合いをまとめることができる。	12	31	43
		建設的・創造的な議論になることを意識した、話し合いに導くことができる。	18	24	42
		議論を発展させ、リーダーとしてチームの最良な結論に導くことができる。	12	16	28

＊網掛けの質問事項は反転項目

続いて、自信創出力については、「自分の強みを活かせる状況をイメージし、どんな課題にも進んで取り組むことができる」と「自信を持って良い結果をイメージしながら、常に前進的・意欲的に取り組むことができる」について改善が見られた。

行動持続力については、「チームから期待される以上のことを、主体的に行うことができる」の改善は16（名）と高く、チーム内で自分の役割を見つけ、その仕事について独自の視点で積極的に活動が出来るようになったものと考えられる。これは、前期の座学を通じて集まったグループでのまとまり、チームとしての成果を達成するという使命感のようなものが影響しているものと考えられる。

（3）対課題

対課題は全体的に大きく改善が見られる。特に、「課題発見力」については全般的な改善が見られる。具体的に、問題点の整理、分析、仮説の提示について、多くの学生がその能力を習得できたと感じている。これは、座学時のグループ学習におけるマニュアルの活用、指導そして学生間で習得したものと考えられ、グループでの取り組みの大きな成果といえよう。

計画立案力についても高い改善が見られる。「不確定な諸条件が多い難しい課題でも、具体的な計画を立て実践できる」は、19ととりわけ能力の獲得を自覚する学生が大きい。これも、教員、学生間のサポートによるものが大きいと思われる。かつまた、このような学生の獲得感、成功体験は、学生が

表5　社会人基礎力の変化

対自己	感情制御力	自分の感情や気持をどうすることもできない場合がある。	7	15	22
		人間関係で問題が発生した時、自分なりに対処しようとすることができる。	-4	54	50
		感情が乱れる状況にあっても、落ち着いてこなしていくことができる。	1	44	45
		かなりのストレスやプレッシャーが続く場面でも、冷静に物事を進めることができる。	10	31	41
		失敗があったとしても失敗に向き合い、それを乗り越えて先に進むことができる。	-1	54	53
		どのような場面であってもストレスを感じないで、何事にも前向きに取り組むことができる。	17	23	40
	自信創出力	何事にもなかなか挑戦できない場合がある。	-7	41	34
		自分では強みはわからないが、前向きに取り組むことができる。	-1	54	53
		自分の強み・弱みを知っており、見通しが立てにくいことでも取り組むことができる。	2	41	43
		自分の強みを活かせる状況をイメージし、どんな課題にも進んで取り組むことができる。	12	34	46
		失敗があったとしてもそこから何かを学びそれを活用し、困難な課題に取り組みができる。	1	52	53
		自信を持って良い結果をイメージしながら、常に前進的・意欲的に取り組むことができる。	9	39	48
	行動持続力	物事に対しどのような方法・手段をとればいいのか分らない場合がある。	-7	46	39
		見習うべき良いやり方、習得した技術や知識は、自分なりに利用できる。	0	60	60
		任されたことが遂行できるよう、良いやり方を選択し導入できる。	5	47	52
		最後までやり遂げるよう、最善の方法を自ら工夫することができる。	9	46	55
		チームから期待される以上のことを、主体的に行うことができる。	16	17	33
		チームの行動に検証・改善を常に繰り返しながら、次に結びつけられる創意ができる。	8	40	48

＊網掛けの質問事項は反転項目

社会に出たときに自信となることが予想される。

最後に、新たな能力の取得の数は少ないものの、4月時点での当該能力の取得を自覚している学生も多く見られたことが影響していると思われる。「先の予見を行うことによりチーム全体の動きを修正し、最良の方向に導くことができる」は、19と特に能力の取得意識を持つ学生が見られる。

このように、しまなびプログラムについてはPBLの学習効果もあり、チームでの課題解決能力の獲得に大きな効果を与えていることが学生のアンケートからも明確となった。これはとりわけ社会人基礎力の「チームで働く力」の獲得に有効であったといえる。

反転項目以外について4月時点で「いいえ」と回答した者が9月時点で「はい」と答えた場合、それは4月時点では出来なかったことが9月で出来たと学生自体が認知したと考えられるため、これを「改善」とした。「対人」、「対自己」、「対課題」の各項目に関する個別の質問について、改善の数を数え、しまなびプログラムで改善が見られた「対課題」における改善の数について、「対人」、「対自己」で相関をとったものが表6である。この表から、対課題について多くの改善がみられる学生は、対人について、多く改善した学生であることが分かる。グループの中で協力、統率また打ち解けることができた学生ほど、課題発見力、計画立案力、実践力といった対課題能力を新たに習得できたこととなる。

(表6　対課題「改善」の相関)

表５　社会人基礎力の変化

対課題	課題発見力	収集した情報をどのように整理すればいいのか分らない場合がある。	-10	46	36
		集めた情報から自分なりに問題点を整理できる。	3	50	53
		収集した情報を客観的な立場で分析し、問題点を指摘できる。	12	39	51
		客観的なデータ分析から問題点を指摘し、仮説を示すことができる。	12	30	42
		複数の因果関係がある問題でも、妥当な仮説を考えることができる。	12	31	43
		複雑に絡み合っている難題でも内容を分析し、課題解決に繋げることができる。	11	34	45
	計画立案力	目標や計画を持たないまま取り組み、途中で混乱する場合がある。	-12	41	29
		課題に対し、計画を立てて進めることができる。	9	40	49
		計画立案時に、自分の経験から発生しそうな困難点を予想しながら実践できる。	9	42	51
		不確定な諸条件が多い難しい課題でも、具体的な計画を立て実践できる。	19	26	45
		未経験のケースでも、現実的で妥当な計画を考え出すことができる。	5	35	40
		途中段階においても具体的な目標を新たに設定し、計画の実現性を高めることができる。	10	40	50
	実践力	やるべきことに対して、なかなか実行に移せない場合がある。	-7	47	40
		やるべきことに対し、自分なりにやることを進めることができる。	-6	58	52
		制約があっても、試行錯誤しながらやるべきことを進めることができる。	3	50	53
		予想外の事態で計画に変動や遅れがあっても、やるべきことを修正し実践できる。	9	45	54
		チーム全体の取り組みの進み具合を検証し、チームに貢献できる。	3	43	46
		先の予見を行うことによりチーム全体の動きを修正し、最良の方向に導くことができる。	19	26	45

＊網掛けの質問事項は反転項目

表6　対課題「改善」の相関

	Pearson の相関係数
対人改善	.501**
対自己改善	.359**

**. 相関係数は 1% 水準で有意（両側）

3　しまなびプログラムの振り返りアンケート

最後に、しまなびプログラム終了後、翌年1月にプログラムの振り返りのアンケートを実施したのが表7－a、bである。アンケート[31]は、筆者が担当している「財政学Ⅱ」の授業中にしまなびプログラムに参加した学生に対してアンケートを行い、48名より回答を得ることが出来た。

フィールドワーク終了後の変化については、全体に好意的な意見が見られる。もっとも割合が少ない「授業に熱心に取り組むようになった」でさえ、6割以上の学生が「そう思う」、「どちらからと言えばそう思う」と回答している。特に良い方向に変化している項目としては、「長崎の離島の課題について理解できるようなった」は高く、プログラム自体がしまの課題・現状の理解については明確に伝わったと思われる。学生自体に関して、対チーム、対人的な項目について、改善を認識しているようである。「グループの一員として問題解決する場合、建設的な貢献をしようと思うようになった」は、最も高い85・4％の学生が積極的な変化を認識している。

フィールドワーク中の活動について聞いた⑴から⑺までで、「そう思う」の数が半分以上の4つある学生については、フィールドワーク後の変化について、⑻から⒅までで「そう思う」と回答した項目

31　アンケートについては、井上明「ＰＢＬ 情報教育の学習効果の検証」（甲南大学 情報教育研究センター）の3検証のアンケートを参考とした

表7-a　しまなびプログラム前後の変化

	しま体験フィールドワーク実施中	そう思う		どちらかと言えばそう思う		どちらとも言えない		どちらかと言えばそう思わない		そう思わない	
		人	%	人	%	人	%	人	%	人	%
(1)	自ら設定した到達目標を達成することができたか	10	20.8	32	66.7	6	12.5	0	0.0	0	0.0
(2)	グループの一員として問題解決への建設的な貢献を行うことができたか	13	27.1	31	64.6	3	6.3	1	2.1	0	0.0
(3)	自分の考えを他のメンバーに理解してもらうよう論理的に説明したか	10	20.8	23	47.9	14	29.2	1	2.1	0	0.0
(4)	メンバーの考えを理解しようとしたか	22	45.8	23	47.9	3	6.3	0	0.0	0	0.0
(5)	自分と異なる意見も尊重できたか	19	39.6	25	52.1	3	6.3	0	0.0	0	0.0
(6)	これまで学習してきた既習の知識を活用することができたか	11	22.9	27	56.3	7	14.6	1	2.1	1	2.1
(7)	さまざまな疑問点や学習項目を発見することができたか	10	20.8	29	60.4	9	18.8	0	0.0	0	0.0

表7-b　しまなびプログラム前後の変化

	しま体験フィールドワーク実施後の変化	そう思う		どちらかと言えばそう思う		どちらとも言えない		どちらかと言えばそう思わない		そう思わない (e)	
		人	%	人	%	人	%	人	%	人	%
(8)	問題を発見し解決する能力が身についたか	10	20.8	25	52.1	11	22.9	0	0.0	2	4.2
(9)	自己学習に十分な時間と努力を注いだか	8	16.7	23	47.9	14	29.2	1	2.1	2	4.2
(10)	自らの学習意欲は高まったか	6	12.5	26	54.2	12	25.0	2	4.2	2	4.2
(11)	グループの一員として問題解決する場合、建設的な貢献をしようと思うようになった	13	27.1	28	58.3	6	12.5	0	0.0	1	2.1
(12)	自分の考えを他のメンバーに理解してもらうよう論理的に説明できる能力を得ることができた	7	14.6	25	52.1	14	29.2	0	0.0	1	2.1
(13)	他のメンバーの考えをより理解出来るようになった	17	35.4	22	45.8	8	16.7	0	0.0	1	2.1
(14)	自分と異なる意見も尊重できるようなった	16	33.3	23	47.9	8	16.7	0	0.0	1	2.1
(15)	長崎の離島の課題について理解できるようなった	19	39.6	20	41.7	6	12.5	1	2.1	1	2.1
(16)	以前に比べ経済・社会的問題について関心を持つようになった	14	29.2	20	41.7	10	20.8	2	4.2	1	2.1
(17)	問題解決に自分の知識・経験を活用できるようになった	8	16.7	26	54.2	12	25.0	0	0.0	1	2.1
(18)	授業に熱心に取り組むようになった	8	16.7	22	45.8	12	25.0	3	6.3	2	4.2

＊%は各質問における人数の構成比を示している

の数の平均が4・4であった。フィールワーク後の「そう思う」回答数の全体の平均数が2・6であることから、しまなびプログラム、フィールドワークに積極的に関与した学生ほど明確な変化が生じてきている。これは、もともと「まじめ」、「問題意識が高い」学生なので、それぞれ高い値を出しているのではないかとも予想されるが、前のアンケートも含めて対人、対チームでの改善が見られることから、プロジェクト・ベース学習の有効性と同時に、チームのコアとなる学生の達成感、自己肯定感の形成と、他の学生への波及効果が明確になったといえる。

むすびにかえて

ここまでアクティブ・ラーニングの必要性と、長崎県立大学におけるしまなびプログラムの効果について述べてきた。本学におけるしまなびプログラムは、対人能力改善や、課題発見に有効であり、それはその後の学生における学習にも積極的な効果を与えることがアンケート調査より明確になったといえる。つまり、しまなびプログラムは、アクティブ・ラーニングの目標を達成できている。

昨年度はしまなびプログラムのチームは、後期実施した総合演習のグループにより構成されていたので、後期の総合演習におけるゼミ生間の親和性や一体感は例年になく強いものを感じた。

他方で課題についても指摘しておきたい。まずは評価の問題である。昨年、座学、フィールドワークに参加したが、フリーライダーとは言わないものの、どうしても課題への関与の濃淡、もしくは学生間での成果の差が生じていることは認識できた。そのような差が存在しても、しまになぶ、フィールドワークとも成績は合格か不合格しかない。そうなるとどうしても、モチベーションの低い学生を積極的に関与させるインセンティブとはならない。成績については、現在の合格（G）、不合格（H）だけでなく、学生への活動について適正な評価をする必要があると思われる。そのため、座学のグループワーク、フィールドワークについて、アクティブ・ラーニングのパフォーマンス評価の導入を検討すべきであり、そのためのルーブリックを作成する必要があると思われる。

次に、現在のように年ごとにグループ分けを行う場合、調査や報告をより深めることは難しい。教育面を考えれば、学生が試行錯誤で問題を解決することは、学生にとって、試行錯誤自体が成長であり、困難を克服する成功体験も享受できる。しかし、より深い調査を進めるには、経験した学生をアドバイザー等で活用することで、グループワーク、フィールドワーク等活動がスムーズに遂行でき、前の年度より深い調査が可能となると思われる。そのため、学生チューター等の導入も必要になると思われる。これは学生のためだけではなく、今後、しまなびプログラムを続けていくこととなれば、より有用な課題解決として、しま住民への還元のためにも必要となると思われる。

さらに、しまなびプログラムで得た地域理解への視点、課題発見力やチームワーク力などを、プログラム終了で終わりにするのではなく、より発展させる機会や仕組みが必要となると思われる。そのことで、より高い社会人基礎力を習得することが可能となり、より複雑な課題についても解決に取り組むことが出来るのではないかと思われる。

アンケート調査等で明らかなように、しまなびプログラムは、課題発見、チームワークなど学生への教育的効果はあり、そのことがプログラム終了後も一定の有効的な効果を与えていることもわかった。

しまなびプログラムをより進化させるにはいくつかの課題はあるものの、学生、しまの方々のためにも、それぞれ〝ＷＩＮ－ＷＩＮ〟となる取り組みが必要だと思われる。

あとがき

長崎県立大学経済学部（450名）は2016年4月から経営学部（200名）と地域創造学部（250名）に改組して再出発した。地方の公立大学として、実学的・実践的な学びを強化し、地域社会との結びつきのなかで人材育成を行い、大学教育の質的向上を目指す。この改革は県内の高等学校関係者や企業関係者にも支持されており、社会的な期待のなかでスタートした。本書に執筆する教員はいずれも熱心に取り組んできた教育実践を踏まえて、今日の大学の在り方を反省・考察し、それを伝えるべく原稿をまとめた。改革の検討のなかでは様々な問題点や展望を分析し議論した。教員が抱いていた観念を少なからず変えなければならない局面もあった。教職員の意識改革の必要性が言われるが、教員自身が経験にもとづいて自らの言葉で語ることが大切ではないだろうか。

本学の特徴的な取り組みである「しまなびプログラム」は本書でも分析されているが、2年生全員を4泊5日の離島研修に参加させるプログラムの実施に対しては、学内で少なくない不安・懸念があった。太田博道学長の強いリーダーシップのもと実施にいたり、これまでのところ離島をはじめ地域の方々の温かい評価を受けている。改組にあたり1ヵ月の長期企業インターンシップ（実践経済学科等で）、「長崎白書実践演習」や「地域における経営実践」のように幾つかの特徴的なプログラムも導入したが、それらを網羅的に論じることができなかった。本書は決して今回の改組によるカリキュラム変更に関する「解説書」ではないので、この点はご留意いただきたい。

経営学部と地域創造学部がある佐世保市相浦地域には多くの学生が入居するアパートが点在する。地域の町内会役員やアパート所有者等との懇談会で、「長崎県立大学の学生は、ゴミ出しや自転車の駐輪、夜遅くまで騒ぐ等がないといった点で近年はとてもまじめで行儀が良い」とお褒めの言葉を頂戴した。一方、「かつては〝ただで飯を食べさせてくれ〟といったり勉強もせずに随分遊んでばかりの学生もいて驚いたが、そんな学生の方が町内の行事に熱心に参加してくれたり、卒業後も訪ねてきてくれたりした」と懐かしむ声も漏らされた。近年は学生の面倒見が良く、諸活動を制御下におく大学が望まれるが、拘束されずに自分の可能性を試せる「自由な」空間、予期せざる心躍るコトとの遭遇など、かつての自由溢れる場であった大学をどう考えればいいのか。基礎的・専門的な知識をしっかりと身に付けると同時に、失敗にへこたれない、困難な状況を自ら切り拓いていく逞しい若者をどのように育てていくのか、すべての大学人に問われている。

全国の教師のカウンセリングに携わってきた諸冨祥彦氏は、新たな時代に求められる教師の資質を、ミッション（使命感）、パッション（情熱）、リスポンシビリティとしている。ここにおけるリスポンシビリティとは、人生と世界から発せられてくる無数の答えなき問いを、ほかでもない「自分自身にとってのっぴきならない問いとして引き受け、考え抜き、その問いに応答していけること」であると言う（『教師の資質』朝日新書）。地方の公立大学—とくに経済・経営系学部—はどのような大学として変わっていくべきなのか、その中でどのような教員像がもとめられるのか、学生たちとの学びのなかで私たちなりに真摯に答えを出していきたいと思っている。

長崎県立大学法人専務理事兼事務局長の百岳敏晴氏は、大学の法人化や2つの県立大学（長崎県立大学と県立長崎シーボルト大学）の統合という困難な改革の時期に、編者の一人である木村務（当時副学長など）と苦労をともにされた。今回の本書の企画にも理解を示され支援していただいた。また、この出版は長崎県立大学の学長裁量研究費（2014年度）に採択された企画が基礎になっている。学長をはじめ大学本部の方々にお礼申し上げます。石風社の福元氏には、学長プロジェクト『波佐見焼ブランドへの道程』の出版にあたり見事な編集をしていただき感謝している。その縁で今回もお世話になった。

古河幹夫

著者紹介

木村　務　長崎県立大学名誉教授。2005年から13年まで副学長として大学改革に従事。専門は農業経済学で『産地再編が示唆するもの』『新たな食農連携と持続的資源利用－グローバル化時代の地域再生に向けて－』（ともに共著）など

古河幹夫　長崎県立大学地域創造学部教授。『経済システムと正義』、『社会経済思想の進化とコミュニティ』（共著）など。近年は地域連携の成果として『波佐見焼ブランドへの道程』（共著）。IDE大学協会会員

岩重聡美　長崎県立大学経営学部教授。専門は、日本と先進諸国との流通システムの比較研究を行う「流通システム論」。近年は、地域連携や海外での学生インターンシップ活動を支援している

谷澤　毅　長崎県立大学経営学部教授。ドイツを中心としたヨーロッパの商業史・流通史・都市史を専攻。主著に『北欧商業史の研究』『佐世保とキール　海軍の記憶』がある

新川　本　長崎県立大学経営学部准教授。専門は経営学で、講義科目として「経営組織論」、「コーポレート・ガバナンス（企業統治論）」を担当する。国際経営学科で学生の海外インターンシップの支援を行う

綱　辰幸　長崎県立大学地域創造学部教授。『現在財政の研究』、『分権化財政の新展開』（ともに共著）など、財政、地方財政を中心に研究を行う。近年、窯業産地と地方公共団体の振興策についても調査を行っている

青木圭介　長崎県立大学地域創造学部教授。国際金融を専門とし、欧州中央銀行による金融政策やユーロ圏の金融システム、欧州各国のマクロ経済について研究する傍ら、ゼミ活動を重視した大学教育に取り組んでいる

矢野生子　長崎県立大学経営学部教授。経済学の基礎理論である「ミクロ経済学」や「マクロ経済学」を指導する中で、「経済学検定試験（ERE）」や「日経テスト」を用いた経済教育を担ってきた

長濱幸一　長崎県立大学地域創造学部講師。西洋経済史を専門としており、ゼミでは「歴史と現代の対話」をキーワードとして、現代社会を歴史的な射程の中で捉える能力を培うことを目的としている

地方大学の挑戦
――経済・経営系での教育実践

二〇一七年二月十五日　初版第一刷発行

編　者　木村　務
　　　　古河幹夫
発行者　福元満治
発行所　石　風　社
福岡市中央区渡辺通二―三―二四
電　話　〇九二（七一四）四八三八
ＦＡＸ　〇九二（七二五）三四四〇
印刷・製本　シナノパブリッシングプレス

＊表示価格は本体価格。定価は本体価格プラス税です。

中村　哲

ペシャワールにて［増補版］　癩《らい》そしてアフガン難民

数百万人のアフガン難民が流入するパキスタン・ペシャワールの地で、ハンセン病患者と難民の診療に従事する日本人医師が、高度消費社会に生きる私たち日本人に向けて放った痛烈なメッセージ

【7刷】1800円

中村　哲

医者 井戸を掘る　アフガン旱魃《かんばつ》との闘い

＊日本ジャーナリスト会議賞受賞

「とにかく生きておれ！　病気は後で治す」。百年に一度といわれる最悪の大旱魃に襲われたアフガニスタンで、現地住民、そして日本の青年たちとともに千の井戸をもって挑んだ医師の緊急レポート

【12刷】1800円

中村　哲

医者、用水路を拓く　アフガンの大地から世界の虚構に挑む

＊農村農業工学会著作賞受賞

養老孟司氏ほか絶讃。「百の診療所より一本の用水路を」。百年に一度といわれる大旱魃《かんばつ》と戦乱に見舞われたアフガニスタン農村の復興のため、全長二五・五キロに及ぶ灌漑用水路を建設する一日本人医師の苦闘と実践の記録

【6刷】1800円

ジェローム・グループマン
美沢恵子　訳

医者は現場でどう考えるか

「間違える医者」と「間違えぬ医者」の思考はどこが異なるのだろうか。臨床現場での具体例をあげながら医師の思考プロセスを探索する医療ルポルタージュ。診断エラーをいかに回避するか——患者と医者にとって喫緊の課題を、医師が追求する

【6刷】2800円

冨田江里子

フィリピンの小さな産院から

近代化の風潮と疲弊した伝統社会との板挟みの中で、多産と貧困に苦しむ途上国の人々。フィリピンの最貧困地区に助産院を開いて13年、一人の助産師の苦闘の日々を通して、人間本来の豊かさとは何かを問う奮闘記

【2刷】1800円

富樫貞夫

水俣病事件と法

水俣病問題の政治決着を排す一法律学者渾身の証言集。水俣病事件における企業、行政の犯罪に対し、安全性の考えに基づく新たな過失論で裁判理論を構築、工業化社会の帰結である未曾有の公害事件の法的責任を糺す

5000円

石牟礼道子
はにかみの国　石牟礼道子全詩集
＊芸術選奨文部科学大臣賞

石牟礼作品の底流に響く神話的世界が、詩という蒸留器で清冽に結露する。「詩を書いているなどといえばなにやら気恥ずかしい。心の生理が露わになるからだろうか。散文ではそうも思わないのが不思議である」（「あとがき」より）

【3刷】2500円

渡辺京二
細部にやどる夢　私と西洋文学

少年の日々、退屈極まりなかった世界文学の名作古典が、なぜ、今読めるのか。小説を読む至福と作法について明晰自在に語る評論集。〈目次〉世界文学再訪／トゥルゲーネフ今昔／『エイミー・フォスター』考／書物という宇宙他

1500円

松浦豊敏
越南《えつなん》ルート

華北からインドシナ半島まで四千キロを行軍した冬部隊一兵卒の、戦中戦後を巡る自伝的小説集。戦争を生きた人間の思念が深く静かに鳴り響く、戦争文学の知られざる傑作。別れ／越南ルート／青瓦の家／マン棒とり

1800円

宮崎静夫
十五歳の義勇軍　満州・シベリアの七年

阿蘇の山村を出たひとりの少年がいた——。十五歳で満蒙開拓青少年義勇軍に志願、十七歳で関東軍に志願、敗戦そして四年間のシベリア抑留という過酷な体験を経て帰国、炭焼きや土工をしつつ、絵描きを志した一画家の自伝的エッセイ集

2000円

斉藤泰嘉
佐藤慶太郎伝　東京府美術館を建てた石炭の神様

日本のカーネギーを目指し、日本初の美術館を建て、戦局濃い中「美しい生活とは何か」を希求し続けた九州若松の石炭商の清冽な生涯。「なあに、自分一代で得た金は世の中んために差し出さにゃ」。佐藤新生活館は現在の山の上ホテルに

【2刷】2500円

浅川マキ
こんな風に過ぎて行くのなら

ディープにしみるアンダーグラウンド——。「夜が明けたら」「かもめ」で鮮烈にデビューを飾りながら、常に「反時代的」でありつづけた歌手。三十年の歳月を、時代を、気分を照らし出す著者初めてのエッセイ集

【3刷】2000円

＊読者の皆様へ　小社出版物が店頭にない場合は「地方・小出版流通センター扱」か「日販扱」とご指定の上最寄りの書店にご注文下さい。なお、お急ぎの場合は直接小社宛ご注文下されば、代金後払いにてご送本致します（送料は不要です）。

＊表示価格は本体価格。定価は本体価格＋税です。

農中茂徳

三池炭鉱　宮原社宅の少年

昭和三〇年代の大牟田の光と影。炭鉱社宅での日々を遊び盛りの少年の眼を通して生き生きと描く。「宮原社宅で育った自分史が、そのまますぐれて希少な地域史となり、三池争議をはさむ激動の社会史の側面をもっている」（東京学芸大学名誉教授 小林文人）【3刷】1800円

阿部謹也

ヨーロッパを読む

「死者の社会史」、「笛吹き男は何故差別されたか」から「世間論」まで、ヨーロッパにおける近代の成立を鋭く解明しながら、世間的日常と近代的個に分裂して生きる日本知識人の問題に迫る、阿部史学の刺激的エッセンス　【3刷】3500円

臼井隆一郎

アウシュヴィッツのコーヒー　コーヒーが映す総力戦の世界

「戦争が総力戦の段階に入った歴史的時点で（略）一杯のコーヒーさえ飲めれば世界などどうなっても構わぬと考えていた人間が、どのような世界に入り込んで苦しむことになるかの典型例をドイツ史が示していると思われる」（「はじめに」より）【2刷】2500円

あごら九州　編

あごら　雑誌でつないだフェミニズム　全三巻

世界へ拓いた日本・フェミニズムの地道な記録——一九七二年～二〇一二年の半世紀にわたり、全国の女性の声を集め、個の問題を社会へ開いた情報誌『あごら』とその運動の軌跡。主要論文をまとめた一・二巻、『あごら』の活動を総括した三巻の三部構成　各2500円

成《ソン》元哲《ウォンチョル》　編著

終わらない被災の時間　原発事故が福島県中通りの親子に与える影響《ストレス》

牛島佳代／松谷　満／阪口祐介　著

見えない放射能と情報不安の中で、幼い子どもを持つ母親のストレスは行き場のない怒りとなって、ふるえている——。避難区域に隣接した福島県中通り九市町村に住む、幼い子どもを持つ母親（保護者）を対象としたアンケート調査の分析と提言　1800円

長崎県立大学学長プロジェクト　編

波佐見焼ブランドへの道程《みちのり》

江戸時代 日本中を席巻した、「くらわんか碗」四百年の伝統を持つ波佐見。生活食器の販売が伸び悩むなか、産地として今後どのような方向をめざすのか。窯元、陶芸家、商社、行政、教育機関関係者らが波佐見焼の歴史と課題、ブランド化への戦略を語る　1500円

＊読者の皆様へ　小社出版物が店頭にない場合は「地方・小出版流通センター扱」か「日販扱」とご指定の上最寄りの書店にご注文下さい。なお、お急ぎの場合は直接小社宛ご注文下されば、代金後払いにてご送本致します（送料は不要です）。